Educação Física na Terceira Idade

Teoria e Prática

*Velhice honrada não consiste em ter vida longa,
nem é medida pelo número de anos.
Os cabelos brancos do homem
valem por sua sabedoria.*

(Sabedoria 4, 8-9)

Dados Internacionais de Catalogação na Publicação (CIP)
(Câmara Brasileira do Livro, SP, Brasil)

Cruz, Francine

    Educação Física na Terceira Idade: Teoria e Prática / Francine Cruz; coordenação editorial: Alexandre F. Machado – 1. ed. – São Paulo: Ícone, 2013.

    Bibliografia
    ISBN 978-85-274-1236-0

    1. Educação física gerontológica. 2. Educação física para idosos. 3. Envelhecimento. 4. Terceira idade. I. Machado, Alexandre F. II. Título.

13-04470   CDU – 613.7

Índices para catálogo sistemático:

1. Educação física: Terceira idade: Promoção de saúde.   613.7
2. Terceira idade: Educação física: Promoção de saúde.   613.7

Francine Cruz

Educação Física na Terceira Idade

Teoria e Prática

Coordenação editorial:
Alexandre F. Machado

1ª edição
São Paulo
2013

© Copyright 2013
Ícone Editora Ltda.

Projeto gráfico, capa e diagramação
Richard Veiga

Revisão
Juliana Biggi
Saulo C. Rêgo Barros

Proibida a reprodução total ou parcial desta obra, de qualquer forma ou meio eletrônico, mecânico, inclusive por meio de processos xerográficos, sem permissão expressa do editor (Lei nº 9.610/98).

Todos os direitos reservados à:
ÍCONE EDITORA LTDA.
Rua Anhanguera, 56 – Barra Funda
CEP: 01135-000 – São Paulo/SP
Fone/Fax.: (11) 3392-7771
www.iconeeditora.com.br
iconevendas@iconeeditora.com.br

Este livro é para todos os idosos, que muitas vezes nos ensinam mais do que nós ensinamos a eles, e para todos os profissionais que trabalham com amor e dedicação com esse público maravilhoso.

Folha de aprovação

A presente obra foi aprovada e sua publicação recomendada pelo conselho editorial na forma atual.

Conselho Editorial

Prof. Dr. Antônio Carlos Mansoldo (USP – SP)
Prof. Dr. Jefferson da Silva Novaes (UFRJ – RJ)
Prof. Dr. Giovanni da Silva Novaes (UTAD – Portugal)
Prof. Dr. José Fernandes Filho (UFRJ – RJ)
Prof. Dr. Rodolfo Alkmim M. Nunes (UERJ – RJ)
Prof. Dr. Rodrigo Gomes de Souza Vale (UNESA – RJ)
Prof. Dr. Miguel Arruda (UNICAMP – SP)
Prof. Dr. Daniel Alfonso Botero Rosas (PUC – Colômbia)
Prof. Dr. Victor Machado Reis (UTAD – Portugal)
Prof. Dr. Antônio José Rocha Martins da Silva (UTAD – Portugal)
Prof. Dr. Paulo Moreira da Silva Dantas (UFRN – RN)
Prof.ª Dr.ª Cynthia Tibeau

Presidente do Conselho

Prof. M. Sc. Alexandre F. Machado

Prefácio

As duas últimas décadas se caracterizaram por uma explosão demográfica de idosos no mundo, mais especificamente no Brasil, fazendo com que a mídia e as pessoas começassem a se preocupar melhor com questões de envelhecimento. Existem vários autores e linhas de trabalho exaltando a atividade física como ferramenta primordial para a manutenção da longevidade com qualidade de vida. Desta forma, alguns pensadores incluídos neste livro sob determinada perspectiva podem, perfeitamente, ser examinados sob ótica diversa por outros autores.

Recomendo, especialmente, a leitura de *Educação Física na Terceira Idade:* Teoria e Prática porque reconheço a ênfase crescente dada à necessidade de vivências e práticas inovadoras eficientes, na discussão de pensadores individuais, e não de "escolas de pensamento". Compreendo que a marca de todo estudioso e de grande pensador é de suas práticas e habilidades transcenderem estruturas e modelos tradicionais.

Da mesma forma Francine Cruz deve muito a estudos e critérios de vários colegas, profissionais e estudiosos, quando também do projeto "Sem Fronteiras" desenvolvido na UFPR, e a experiências adquiridas nos grupos de convivência atendidos pela CONSAI (Corporação Nacional da Saúde Integrada), vivenciando intensamente suas atividades como Gerontóloga e que contribuíram consideravelmente para a iniciação da sua carreira com práticas reais e atenção especial aos idosos.

Este livro segue passos de uma profissional dedicada que soube perceber as reações dos idosos em cada atividade, preocupando-se em não infantilizar esse público; aprendeu que deveria esquecer os "inhos", pezinhos, mãozinhas. Verificou que a atividade do jovem e da criança é ministrada em outro ritmo, que os idosos podem demorar mais para desenvolver as atividades, mas sabe que sempre vão perceber e captar o sentido, bem como a finalidade.

O intuito desse trabalho é demonstrar que sempre haverá nas atividades um valor agregado, mesmo que seja a distração, saber que o lazer não é preencher o tempo vazio e sim uma reflexão ao executar a atividade. Repassar aos leitores que os idosos devem permanecer em locais e executar atividades nos quais sejam respeitados pelo protagonismo e por seus limites, e se lá continuam é porque são bem cuidados pelos profissionais, resultando em grandes amizades entre eles e com outras gerações.

Esta é a proposta, este é o desafio.

Boa leitura!

Soraya Francisca Dinkhuysen Oliveira

Presidente do Grupo CONSAI
Mestre em Envelhecimento Humano
Interdisciplinar pela UPF-RS
Gerontóloga pela SBGG
Médica Naturista pela IMO
Pós-Graduada em Gerontologia pela FIES
Formada em Educação Física pela UFPR

Introdução

Devido ao aumento significativo da população idosa em todo mundo, surge também a preocupação com a qualidade de vida desses idosos. Viver mais com saúde e autonomia é o desejo da maioria das pessoas que, cada vez mais, tem se conscientizado de que para isso acontecer é necessário ser um indivíduo ativo.

A prática de atividades físicas, de jogos recreativos e cognitivos desenvolvidas pelo profissional de educação física e o convívio social inter e intrageracional trazem inúmeros benefícios em todas as idades, em especial na velhice, em que ocorre uma diminuição das capacidades funcionais e cognitivas, dos contatos sociais e da motivação para se realizar atividades novas.

Pensando no bem-estar seja ele biológico, psicológico, social, ou na mistura de um ou mais desses fatores, muitas instituições começaram a desenvolver programas para esse público em clubes, instituições religiosas, centros comunitários, universidades, etc. Normalmente realizados em grupo, esses programas podem ter diversos objetivos. No entanto, observam-se algumas finalidades em comum na maioria deles, como levar o idoso a interagir com outras pessoas, amenizar o isolamento social e manter ou melhorar a aptidão física, a qual auxiliará na capacidade funcional.

A maioria desses grupos, para manter a motivação e participação dos idosos nos grupos, utiliza-se de atividades a serem realizadas durante algum ou alguns dias da semana. Entre essas atividades, podemos destacar: trabalhos artístico-artesanais (seresta, coral, teatro, bordado, crochê, tricô) e educação física (danças de salão, sênior e circular, caminhadas, alongamentos, ginástica aeróbica, ginástica localizada, hidroginástica, jogos recreativos, esportivos, dinâmicas, terapia do riso, oficina da memória, etc.).

Apesar do envelhecimento populacional não ser uma realidade recente em nosso país, a preocupação do governo e da sociedade com essa faixa etária parece bastante recente. Por isso, nós, como educadores, precisamos primeiramente conhecer o processo de envelhecimento, para assim pensar na constituição dos programas para idosos.

Neste livro falaremos sobre educação física na terceira idade e, mais especificamente, sobre a prática de atividade física, elemento pelo qual é possível reverter as ideias preconcebidas e quebrar paradigmas tão difundidos em nossa sociedade de que a velhice só traz perdas e que o idoso é um ser inativo e improdutivo.

O objetivo deste livro é, então, dar subsídios teórico-práticos para a realização de programas de educação física para idosos, destacando seus benefícios e particularidades, auxiliando os profissionais na estruturação de suas aulas.

As atividades práticas contidas neste livro têm as mais variadas origens: as de conhecimento popular, as aprendidas em cursos, oficinas e troca de experiências profissionais, as adaptadas a partir de outros autores e até mesmo as criadas pela autora. Todas foram realizadas pela autora em seus grupos e se revelaram eficientes e eficazes, além de obterem grande sucesso entre os participantes em relação à adesão, motivação, segurança, bem-estar e divertimento.

Desejo a todos muita diversão e saúde!

Francine Cruz

Sumário

Primeira Parte
TEORIA, 21

Envelhecimento populacional, 23
    Taxa bruta de mortalidade, **28**
    Taxa bruta de natalidade, **29**
    Projeção da população – esperança de vida 1980-2050, **31**
    População por grupos de idade, **32**
    Índice de envelhecimento, **33**
    Projeção da população – Grupos Especiais de Idade 1980-2050, **35**

Quem são os idosos?, 39
    Alterações devidas ao envelhecimento, **43**
    Doenças prevalentes em idosos, **46**

Estatuto do idoso, 51

Qualidade de vida na terceira idade, 55

Atividade física na terceira idade, 60

Considerações para o trabalho com idosos, 66
    Segurança, **66**
    Bem-estar, **66**
    Didática, **67**
    Diferenças entre grupos, **69**
    Músicas, **69**
    Atividades, **70**

Capacidade funcional, 71

Aptidão física relacionada à saúde, 73

Componentes da aptidão física relacionados à saúde, 75
    Composição corporal, **75**
    Flexibilidade, **78**
    Capacidade cardiorrespiratória (ou capacidade aeróbia), **81**
    Resistência (*endurance*) muscular e força, **84**

Avaliação médica para atividade física, 89

Intensidade do exercício, 91

Motivação para a prática de atividade física, 95
    Tipos de motivação, **101**

Exemplos de atividades físicas, 104
    Alongamentos e flexionamentos, **104**
    Exercícios aeróbios, **107**
    Exercícios na água, **114**
    Treinamento de força, **116**
    Atividades esportivas, **119**
    Atividades recreativas, **121**

Alguns benefícios da atividade física regular, 123

Barreiras à prática de atividade física, 124

Segunda Parte
PRÁTICA, 125

Introdução, 127
    Estrutura das atividades, **128**

1. Socialização e integração, 129
    1.1. Olha a bola, **129**
    1.2. Bingo da amizade, **130**
    1.3. Jogo da vida, **132**
    1.4. Cara-metade, **132**
    1.5. Um feijão por um sim ou não, **133**
    1.6. Dança do contato, **134**
    1.7. Unidos venceremos, **134**
    1.8. Dança das mãos, **135**
    1.9. Banho legal, **136**
    1.10. Segurando o balão, **136**

2. Cognição, 138
    2.1. Campo minado, **139**
    2.2. Cabeça × joelho, **140**
    2.3. Tempo exato, **141**
    2.4. O ritmo das palmas, **142**
    2.5. O jogo das palavras, **143**
    2.6. Pernambuco, **143**

    2.7. A dança do xip, xip, **144**
    2.8. Memorizando com os amigos, **145**
    2.9. Memória cultural, **145**
    2.10. Roda da memória, **146**
3. **Consciência corporal, 148**
    3.1. Caminhando pelo mundo, **148**
    3.2. Dança do espelho, **149**
    3.3. Passando o arco, **150**
    3.4. Robô dançarino, **150**
    3.5. Dançando com o balão, **151**
    3.6. Muro da amizade, **151**
    3.7. Expressando sentimentos, **152**
    3.8. O fantasma, **152**
    3.9. Telefone sem fio tátil, **153**
    3.10. Jogo dos sentidos, **154**
4. **Atividades esportivas, 157**
    4.1. Futebol em roda, **157**
    4.2. Derruba garrafa, **158**
    4.3. Drible no cone, **159**
    4.4. Numerobol, **159**
    4.5. Bola na cesta, **160**
    4.6. Vinte passes, **161**
    4.7. Cinco arremessos, **162**
    4.8. *Frisbee* na mira, **163**
    4.9. Tênis de calçada, **163**
    4.10. Hóquei de vassoura, **164**

5. Atividades recreativas, 166
- 5.1. Batata quente do riso, **166**
- 5.2. Jogo das respostas malucas, **167**
- 5.3. Jogo do amor, **168**
- 5.4. Viúva, **168**
- 5.5. Correio elegante, **169**
- 5.6. *Jokenpo* floresta, **170**
- 5.7. Guerra de balões, **171**
- 5.8. Granada, **171**
- 5.9. Garrafabol, **172**
- 5.10. Caça ao tesouro, **173**

6. Estafetas, 175
- 6.1. Anel maluco, **175**
- 6.2. Corrida com o nariz, **176**
- 6.3. Bola no pé, **176**
- 6.4. Bolinhas malucas, **177**
- 6.5. Usando a cabeça, **177**
- 6.6. Feijão na garrafa, **178**
- 6.7. Vira-vira, **179**
- 6.8. Tira e põe, **179**
- 6.9. Corrida da bola, **180**
- 6.10. Corrida em duplas, **181**

7. Jogos aquáticos, 182
- 7.1. Corrente legal, **182**
- 7.2. Cata-cata, **183**
- 7.3. Cestinha, **184**
- 7.4. Jogo da argola, **184**
- 7.5. Sete passes, **185**

7.6. Pique-bandeira aquático, **185**
7.7. Pega-lenço, **186**
7.8. Por cima, por baixo, **187**
7.9. Leva e Traz, **187**
7.10. Golzinho, **188**

8. Passeios e festas temáticas, 189
    8.1. Desenrola, **190**
    8.2. Passando a bola, **191**
    8.3. Música animal, **191**
    8.4. Costura, **192**
    8.5. Quem sou eu?, **192**
    8.6. Transformação, **193**
    8.7. Massagem circular, **194**
    8.8. Festival musical, **194**
    8.9. Desembrulhando o presente, **197**
    8.10. Presente secreto, **198**

Bibliografia consultada, 201

Primeira Parte

Teoria

Envelhecimento populacional

O envelhecimento populacional, segundo a United Nation (2010), é o processo pelo qual indivíduos idosos representam uma parcela proporcionalmente maior do total da população. Esse envelhecimento foi um dos principais resultados das tendências demográficas da população durante o século XX e certamente será o traço distintivo das populações durante o século XXI.

Com a proporção da população mundial na faixa etária mais velha aumentando continuamente, surge também uma maior necessidade de informações e análise das características demográficas de envelhecimento. Para a United Nations (2010), esse conhecimento é essencial para auxiliar governantes a definirem, formularem e avaliarem metas e programas, bem como para a sensibilização do público e o apoio às mudanças nas políticas públicas necessárias para um envelhecimento ativo.

A Divisão de População do Departamento de Assuntos Econômicos e Sociais das Nações Unidas tem se dedicado a esses estudos, e publicou em 2010 um relatório sobre o Envelhecimento da População Mundial. Esse relatório ressalta quatro conclusões principais:

1) Nunca na história da humanidade houve um envelhecimento populacional tão crescente como nos dias atuais. A população envelhece quando aumenta a proporção de pessoas idosas (ou seja, aquelas com 60 anos ou mais) acompanhada por redução na proporção de crianças (menores de 15 anos) e declínio na proporção de pessoas na idade ativa (15 a 59 anos). Em âmbito mundial, o número de pessoas idosas deverá ultrapassar o número de crianças pela primeira vez em 2045. Nas regiões mais desenvolvidas, onde o envelhecimento da população está muito avançado, o número de crianças caiu abaixo do número de idosos em 1998.

2) O envelhecimento da população é generalizado, uma vez que está afetando quase todos os países do mundo. O envelhecimento populacional resulta principalmente da redução da fertilidade, que se tornou na prática universal.

3) O envelhecimento populacional é profundo, com grandes implicações e consequências para todas as facetas da vida humana. Na área econômica, o envelhecimento da população terá um impacto sobre: crescimento econômico, poupança, investimentos, consumo, mercado de trabalho, pensões, impostos e transferências entre as gerações. Na esfera social, o envelhecimento da população influencia a composição familiar e as condições de vida, a demanda habitacional, as tendências migratórias, a epidemiologia e a necessidade de serviços de cuidados de saúde. Na arena política, o envelhecimento da população pode moldar padrões de voto e representação política.

4) O envelhecimento populacional é duradouro. Desde 1950, a proporção de idosos tem aumentado, passando de 8% em 1950 para 11% em 2009, e se espera chegar a 22% em 2050. Enquanto a mortalidade na velhice continuar em queda e a taxa de fertilidade continuar a ser baixa, a proporção de pessoas idosas continuará aumentando.

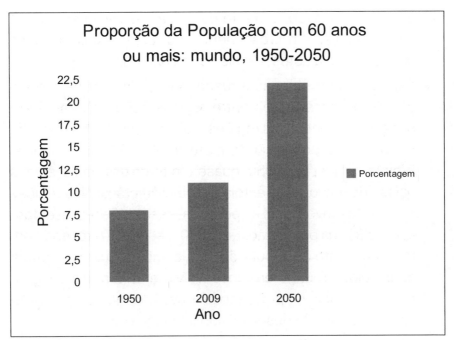

Fonte: UN, 2010.

Outros resultados do relatório da United Nation (2010) são:

▶ O envelhecimento da população é irreversível, pois não é provável que os níveis de fertilidade aumentem novamente para os altos níveis comuns no passado, e as populações jovens que eram comuns até recentemente se tornarão raras ao longo do século XXI.

▶ No ano 2000, a população com 60 anos ou mais era de 600 milhões, o triplo do número de 1950. Em 2009, o número de idosos superou 700 milhões. Em 2050, a projeção é de 2 bilhões de pessoas idosas, ou seja, seu número triplicará novamente, em um horizonte de 40 anos.

▶ Globalmente, a população de idosos está crescendo a uma taxa de 2,6% ao ano, consideravelmente mais rápido que a população ao todo, que está aumentando 1,2% ao ano. Pelo menos até 2050, a população idosa deverá continuar a crescer mais rapidamente do que a população em outras faixas etárias. Um crescimento tão rápido exigirá alcance econômico e ajustes sociais na maioria dos países.

▶ Existem diferenças acentuadas no número e na proporção de pessoas idosas entre regiões desenvolvidas e em desenvolvimento. Nas regiões mais desenvolvidas, mais de um quinto da população tem atualmente 60 anos ou mais. Projeta-se que, em 2050, quase um terço da população nos países desenvolvidos esteja nessa faixa etária. Nas regiões menos desenvolvidas, as pessoas idosas hoje representam apenas 8% da população. Em 2050, espera-se que representem um quinto da população, o que implica que, na metade do século, o mundo em desenvolvimento tende a atingir o mesmo estágio do processo de envelhecimento da população que o mundo desenvolvido já atingiu.

▶ O ritmo do envelhecimento da população é mais rápido nos países em desenvolvimento que nos países desenvolvidos. Por conseguinte, os países em desenvolvimento terão menos tempo para se adaptarem às consequências do envelhecimento da população. Além disso, o envelhecimento da população nos países em desenvolvimento está ocorrendo em níveis mais baixos de desenvolvimento socioeconômico do que nos países desenvolvidos.

▶ A idade média é a idade que divide a população em duas partes iguais, uma com idades abaixo da idade média e outra com idades acima dela. Atualmente, a idade média para o mundo é de 28 anos. Os países com a população mais jovem são Níger e Uganda, com uma média de idade de 15 anos, e os países com a população mais velha são Alemanha e Japão, com uma idade mediana de 44 anos. Ao longo das próximas quatro décadas, a idade média do mundo deve aumentar em dez anos, atingindo 38 anos em 2050, o que significa que metade da população mundial estará acima dessa idade.

▶ Os idosos também estão ficando cada vez mais velhos. Entre aqueles com 60 anos ou mais, a população que mais cresce é a de 80 anos ou mais. Seus números estão aumentando em 4,0% ao ano. Hoje, as pessoas com 80 anos ou mais respondem por cerca de 1 em cada 7 pessoas idosas. Em 2050, essa proporção deverá aumentar para cerca de 1 pessoa com 80 anos ou mais entre cada 5 pessoas idosas.

▶ As mulheres vivem mais do que os homens, por isso constituem a maioria dos idosos. Atualmente, elas superam os homens em cerca de 66 milhões entre os com 60 anos ou mais. Daqueles com 80 anos ou mais, as mulheres são quase o dobro de homens, e entre os centenários são entre quatro e cinco vezes mais numerosas do que os homens.

▶ As pessoas idosas que vivem sozinhas têm maior risco de sofrer isolamento social e privação econômica, portanto, necessitam de apoio especial. Devido à maior sobrevivência e menor propensão para casar, as mulheres idosas tendem a viver sozinhas. Globalmente, 80% dos homens com 60 anos ou mais estão vivendo com o cônjuge; já as mulheres são menos da metade. Estima-se que 19% das idosas vivam sozinhas, enquanto isso ocorre com apenas 9% dos homens.

▶ Tanto a população rural como a urbana está envelhecendo. No entanto, na maioria dos países, as áreas rurais enfrentam um duplo encargo demográfico: têm um maior número de crianças e idosos em relação ao número de pessoas em idades de trabalho que estão disponíveis para prestar apoio aos jovens e aos mais velhos. Esta situação resulta da combinação do aumento da fertilidade nas áreas rurais e da emigração de adultos em idade de trabalho das zonas rurais para as zonas urbanas. O acesso à base social e aos serviços de saúde também tende a ser mais limitado em zonas rurais que nas áreas urbanas, e as taxas de pobreza são mais elevadas.

▶ O analfabetismo ainda é comum entre os idosos de regiões menos desenvolvidas. Atualmente, estima-se que quase metade das pessoas com 65 anos ou mais nos países em desenvolvimento são analfabetos. Aproximadamente 40% das mulheres idosas e cerca de dois terços dos homens idosos têm habilidades básicas de leitura e escrita nesses países. Nas regiões mais desenvolvidas, a alfabetização entre a população idosa é quase universal, com exceção de alguns países.

O envelhecimento populacional é uma realidade constatada em todo o mundo e se deve a diversos fatores como: reduções de taxas de mortalidade e de natalidade (fertilidade), avanço das ciências médicas (medicamentos, vacinas, novas tecnologias, tratamentos) e aumento da expectativa de vida. No Brasil, podemos verificar esses dados por meio do Instituto Brasileiro de Geografia e Estatística (IBGE).

Taxa bruta de mortalidade

Abrangência: Brasil
Unidade: 1/1.000

Período	Taxa bruta de mortalidade
1950	19,70
1960	15,00
1970	9,40
1980	8,87

Período	Taxa bruta de mortalidade
1990	7,27
2000	6,90
2009	6

Fonte: IBGE, Censo demográfico 1950/2000. Tabela extraída de: Estatísticas do século XX. Rio de Janeiro: IBGE, 2007.

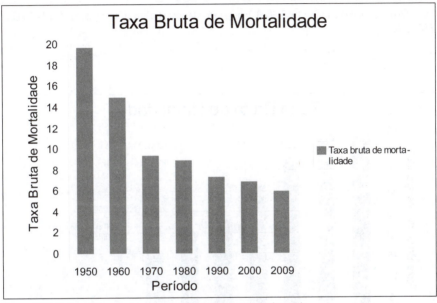

Fonte: IBGE, Países. Disponível em: <http://www.ibge.gov.br/paisesat/>.

Taxa bruta de natalidade

Abrangência: Brasil
Unidade: 1/1.000

Período	Taxa bruta de natalidade
1950	43,50
1960	44,00

Período	Taxa bruta de natalidade
1970	37,70
1980	31,87
1990	23,72
2000	21,06
2009	16

Fonte: IBGE, Censo demográfico 1950/2000. Tabela extraída de: Estatísticas do século XX. Rio de Janeiro: IBGE, 2003.

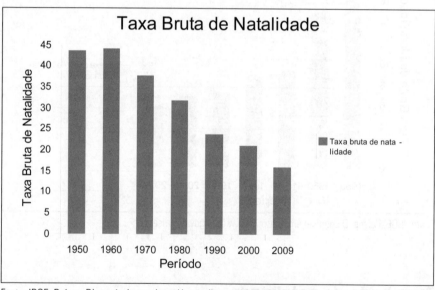

Fonte: IBGE, Países. Disponível em: <http://www.ibge.gov.br/paisesat/>.

Nestas tabelas e gráficos, podemos perceber a notória diminuição da taxa de mortalidade e natalidade no Brasil entre os períodos de 1950 e 2009.

Projeção da população — esperança de vida 1980-2050

Abrangência: Brasil
Unidade: ano de vida

Período	Projeção da População. Esperança de Vida 1980-2050
1980	62,60
1990	66,57
2000	70,43
2010	73,40
2020	76,06
2030	78,23
2040	79,95
2050	81,29

Fonte: IBGE. Projeção da População do Brasil por Sexo e Idade para o Período 1980-2050 – Revisão 2008.

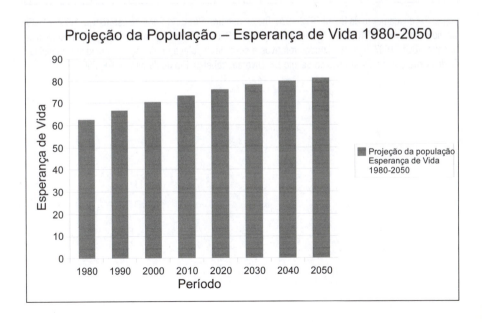

Com a redução da taxa de mortalidade, cresce a esperança de vida da população. Observando os dados do IBGE, percebemos esse crescimento: uma criança que nascesse em 1980 teria uma expectativa de aproximadamente 62,60 anos, ao passo que uma criança que nasça em 2050 terá uma expectativa de vida em torno de 81,29 anos, ou seja, um aumento de 18,69 anos em um período de 70 anos.

População por grupos de idade

Abrangência: Brasil
Unidade: números absolutos/percentual

População	2000		2010	
	Absoluta	Relativa	Absoluta	Relativa
População brasileira total	169.590.693	100%	190.755.799	100%
60 anos ou mais	14.536.029	8,56%	20.590.599	10,79%

Fonte: Recenseamento do Brasil 1872-1920. Rio de Janeiro: Diretoria Geral de Estatística, 1872 – 1930; Censo demográfico 1940-2000. Rio de Janeiro: IBGE, 1950-2001; Contagem da população – 1996. Rio de Janeiro: IBGE, 1997. v. 1. Resultados relativos a sexo da população e situação da unidade domiciliar. Dados extraídos de: Estatísticas do Século XX. Diversas tabelas. Rio de Janeiro: IBGE, 2007.

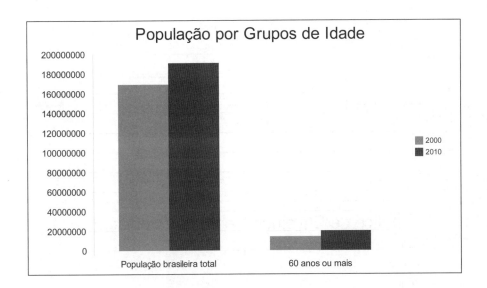

Devido aos fatores anteriores, podemos perceber um aumento da população de idosos no Brasil. No ano 2000, pessoas com 60 anos ou mais representavam 8,56% da população total do país. Em 2010, essa faixa etária já se aproxima dos 11%.

Esse crescimento é perceptível também nos dados seguintes, que mostram o índice de envelhecimento da população.

Índice de envelhecimento

Abrangência: Brasil
Unidade: percentual

Período	Índice de Envelhecimento da População
1950	5,83 %
1960	6,41 %
1970	7,48 %

Período	Índice de Envelhecimento da População
1980	10,49 %
1990	13,9 %
2000	19,77 %

Fonte: IBGE, Censo Demográfico 1950/2000.

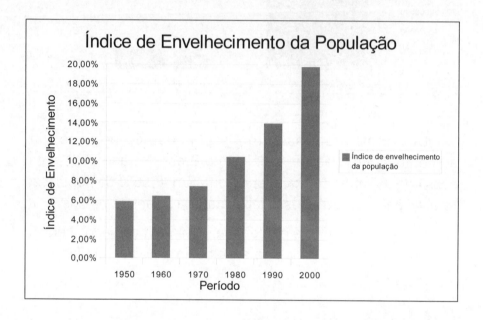

Além do crescimento significativo do índice de envelhecimento de 1950 a 2000, as expectativas para os próximos anos são que a porcentagem de idosos no Brasil aumente cada vez mais, estimando-se que atinja uma marca próxima a 30% em relação à população total no ano de 2050.

Projeção da população — Grupos Especiais de Idade 1980-2050

Abrangência: Brasil
Categorias: 60 anos e mais
Unidade: percentual/ pessoa

Período	60 anos e mais	
	%	Pessoa
1980	6,07	7.197.904
1990	6,75	9.897.152
2000	8,12	13.915.357
2010	9,98	19.282.049
2020	13,67	28.321.799
2030	18,70	40.472.804
2040	23,76	52.055.799
2050	29,75	64.050.980

Fonte: IBGE, Projeção da População do Brasil por Sexo e Idade para o Período 1980-2050 – Revisão 2008.

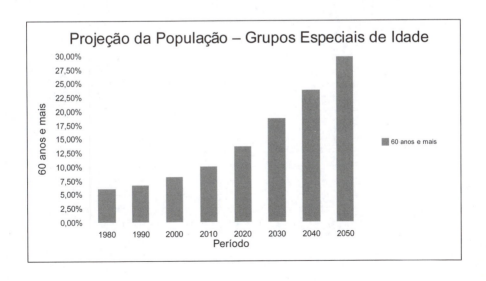

As pirâmides etárias desenvolvidas pelo IBGE (2004), com base nos dados dos últimos censos e nos resultados de projeções da população, revelam as mudanças na estrutura por sexo e idade da população brasileira ao longo do período 1980-2050.

Pirâmide Etária Absoluta – 1980

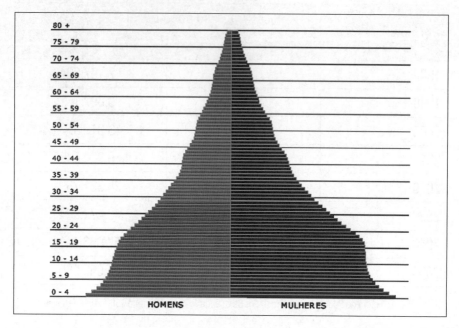

Pirâmide Etária Absoluta – 2011

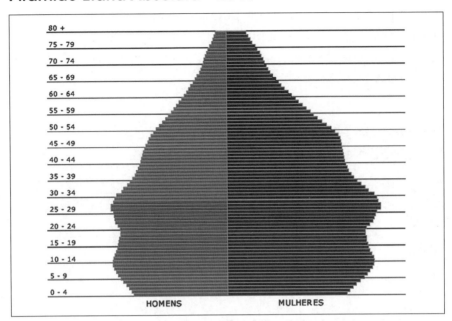

Pirâmide Etária Absoluta – 2050

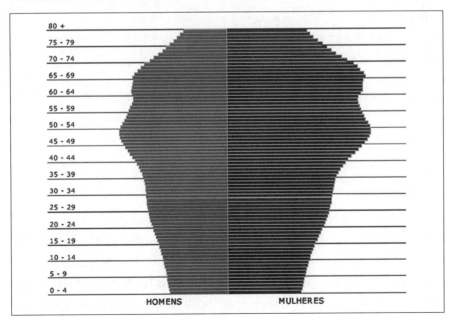

A United Nation (2010) também divulgou um *ranking* de países pela porcentagem de população com 60 anos ou mais. Nesse *ranking*, o Japão ocupa o primeiro lugar com uma população constituída de 29,7% de idosos e o Brasil ocupa o 79º lugar com 9,9%.

Ranking de Países pela Porcentagem de População com 60 anos ou mais, 2009

País	60 anos ou mais	Ranking
Japão	29,7%	1
Itália	26,4%	2
Alemanha	25,7%	3
Suécia	24,7%	4
Bulgária	24,2%	5
Finlândia	24,0%	6
Grécia	24,0%	7
Portugal	23,3%	8
Croácia	23,1%	9
Bélgica	23,0%	10
Brasil	9,9%	79

Fonte: United Nation. World Population Ageing 2009.

Segundo a United Nation (2010), em 2050 espera-se que 32 países tenham mais de 10 milhões de pessoas com 60 anos ou mais, incluindo cinco países com mais de 50 milhões de pessoas mais velhas: China (440 milhões), Índia (316 milhões), Estados Unidos da América (111 milhões), Indonésia (72 milhões) e Brasil (64 milhões).

Quem são os idosos?

Segundo a Organização Mundial de Saúde (OMS), em países em desenvolvimento como o Brasil são considerados idosos os indivíduos com 60 anos ou mais, enquanto em países desenvolvidos são considerados idosos indivíduos com 65 anos ou mais.

O marco cronológico do início da velhice ou terceira idade se dá por um envelhecimento biológico irreversível; entretanto, esse marco não é sempre o mesmo por estar ligado, entre outros fatores, à qualidade de vida dos indivíduos em seus países.

Para Moragas (1997), o envelhecimento não se manifesta biologicamente de maneira homogênea devido à variabilidade genética original e às diferenças das experiências vitais. Porém, por meio dos rótulos impostos pela sociedade, geralmente, as pessoas idosas se enquadram como fisicamente limitadas, visualmente pouco agradáveis e funcionalmente dependentes.

Para Neri e Cachioni (1999), a velhice e o envelhecimento também são realidades heterogêneas, isto é, variam conforme a cultura, a classe social, o tempo histórico, a história de vida pessoal. Portanto, o modo de envelhecer depende do curso de vida de cada pessoa. Para essas autoras, uma velhice bem-sucedida não é a preservação de níveis de desempenho parecidos com os de indivíduos mais jovens, mas sim a preservação do potencial para o desenvolvimento do indivíduo. Envelhecer bem depende do equilíbrio entre as limitações e as potencialidades do indivíduo.

Para diversos autores, apesar de o envelhecimento ser um processo biológico, ele também está intimamente relacionado com o psicológico e com a vida social dos indivíduos idosos.

Segundo Okuma (1998), o envelhecimento é um processo biológico, mas que, no homem, também acarreta consequências sociais e psicológicas. Para Severo (1997), com os declínios biológicos decorrentes do avanço da idade, tais como: aumento da pressão arterial, função digestiva mais lenta, perda de reflexos e de força e diminuição na capacidade sensorial, o idoso sofrerá, consequentemente, alterações psicológicas: diminuição da vontade, das aspirações e da atenção, apego ao conservadorismo, atitude hostil diante do novo. Essas alterações terão consequências na vida social do idoso: isolamento e insegurança sociais, falta de opções e perda concomitante da função e do *status* sociais.

Ao mesmo tempo em que as alterações biológicas são de fácil observação, as mudanças nos planos psicológico e social são mais difíceis de representar, pois, segundo Silva (2003), os parâmetros são vagos e variáveis, dependendo do estilo de vida e da personalidade de cada indivíduo.

Segundo Moragas (1997), um preconceito amplamente difundido associa o término da vida profissional com inatividade pessoal, social e doença. Por isso, muitas pessoas se surpreendem com o fato de que as pessoas aposentadas desempenham atividades físicas e intelectuais com plena efetividade. É evidente que com o passar dos anos há uma decadência da capacidade funcional da estrutura física da pessoa, diminuição da velocidade de reação e em sua capacidade de enfrentar estímulos externos;

no entanto, esta redução geral dos ritmos orgânicos não supõe inaptidão para a maioria das funções da maturidade.

Para Moragas (1997), o que se começa a comprovar é que a aptidão orgânica está estreitamente ligada a fatores psicossociais da motivação, estilo de vida, interesses, ocupações, companhia e capacidade de decisão, e que estes fatores afetam diretamente variáveis biológicas como a produção de linfócitos, secreções hormonais, neurotransmissores, responsáveis diretos pelo bem-estar fisiológico da pessoa. Uma vez mais o fator biológico depende do social e vice-versa.

Além disso, o autor aponta o tempo disponível do idoso como outro fator patogênico, visto que existe uma relação direta entre o tempo disponível e a sensação de indisposição ou limitação. O sistema de aposentadoria não prepara o idoso para sua nova fase de vida, de um dia para o outro aquele que era ativo e produtivo na sociedade se vê sem nenhuma ocupação profissional, sentindo-se inutilizado e improdutivo. Essa mudança radical de estilo de vida, muitas vezes, acarreta danos psicológicos, como baixa autoestima e depressão. O idoso passa a se acomodar, pois a sociedade lhe impõe essa visão de improdutividade.

Contraditoriamente ao preconceito de que o idoso é um ser inativo e improdutivo, podemos destacar algumas visões românticas sobre o envelhecimento, principalmente as difundidas pelos meios de comunicação e mídias sociais de que a velhice seria a "melhor idade". É um *slogan* bonito para ser usado em campanhas publicitárias, mas será mesmo necessário esse eufemismo?

Acredito que não precisamos atenuar as nomenclaturas se realmente mudarmos nossa concepção sobre essa etapa da vida. Há perdas e declínios com o passar dos anos? Sim. Porém, também temos avanços relacionados a diversos aspectos como autoconhecimento e sabedoria, por exemplo, e é isso que deve estar claro quando pensarmos em envelhecimento.

Uttal e Permutter *apud* Trindade (2005) destacam que, em qualquer período da vida, existem perdas e ganhos determinados biológica ou psicologicamente. Igualmente para Baltes *apud* Trindade (2005), o desenvolvimento é sempre constituído pela ocorrência conjunta de ganhos (progressão) e de perdas (regressão).

Segundo Trindade (2005), apesar de haver certo desequilíbrio da relação de perdas e ganhos na velhice, esta não deve ser entendida como sinônimo de doença, pois o que produz um organismo qualitativamente diferente na velhice são os índices patológicos e não simplesmente a passagem de tempo.

De acordo com isso podemos concluir que a "melhor idade" é aquela em que se vive. Seja você uma criança, um jovem ou um idoso, seu momento presente, com suas perdas e seus ganhos próprios desse momento, será sempre a sua melhor idade.

Para Neri e Cachioni (1999), o envelhecimento pode ser categorizado em três etapas:

- **Envelhecimento Primário:** mudanças intrínsecas, irreversíveis, progressivas e universais, como embranquecimento dos cabelos, aparecimento de rugas, perdas em massa óssea e muscular, declínio em equilíbrio, força e rapidez e perdas cognitivas.
- **Envelhecimento Secundário:** mudanças causadas por doenças dependentes da idade, como doenças cérebro-vasculares, cardiovasculares, depressão, quedas, perdas afetivas e afastamento social.
- **Envelhecimento Terciário:** declínio terminal na velhice avançada, caracterizado por um grande aumento nas perdas cognitivas e motoras, em um curto período.

Dibner *apud* Junqueira (1998) dividiu o envelhecimento em três áreas:

- **Envelhecimento Biológico:** caracterizado por mudanças que abrangem todo o organismo do indivíduo, alterando suas funções.
- **Envelhecimento Psicológico:** relacionado às mudanças no comportamento do indivíduo.
- **Envelhecimento Social:** alterações do papel social do indivíduo, como resultado das mudanças biopsicológicas relacionadas com o aumento da idade.

Alterações devidas ao envelhecimento

Alterações Biológicas

Segundo Mazo *et al.* (2004), o envelhecimento imprime alterações naturais em todo o organismo, sendo que seu processo biológico se traduz por um declínio harmônico de todo conjunto orgânico, tornando-se mais acelerado a partir dos 70 anos de idade. Entre essas alterações, destacamos:

- Aumento da pressão arterial sistólica;
- Diminuição do consumo de oxigênio – VO_2 máximo;
- Diminuição do débito cardíaco;
- Diminuição da frequência cardíaca máxima;
- Diminuição da produção hormonal;
- Diminuição da mobilidade articular;
- Diminuição do volume de atividade da hipófise;
- Diminuição da amplitude torácica;
- Diminuição das capacidades sensoriais (especialmente o tato, a visão e a audição);

- Diminuição da força/massa muscular;
- Diminuição da densidade óssea;
- Diminuição da capacidade de absorver nutrientes;
- Diminuição da massa magra;
- Função digestiva mais lenta;
- Redução do tamanho dos rins;
- Diminuição da estatura;
- Aumento da massa gorda.

Alterações Psicológicas

Segundo Severo (1997), as alterações psicológicas acontecem por um processo mais individual, que se manifesta na medida em que ocorrem declínios nas habilidades que o indivíduo desenvolvia anteriormente. São elas:

- Aceitação ou recusa da situação do velho;
- Atitude hostil diante do novo;
- Diminuição da vontade, das aspirações e atenção;
- Sentimento de inutilidade;
- Vida contemplativa, maior interiorização;
- Expansão da espiritualidade e religiosidade;
- Enfraquecimento da consciência;
- Apego ao conservadorismo, maior aceitação da rotina;
- Deterioração da memória;
- Anomalias de caráter (desconfiança, irritabilidade e indocilidade);
- Estreitamento da afetividade (maior seletividade nos relacionamentos afetivos e sociais).

Alterações Sociais

Para Severo (1997), devido às alterações biológicas e psicológicas, o ritmo de vida do indivíduo se diferencia, afetando também sua vida social. Segundo Lorda (2009), o passar do tempo faz com que o círculo de relações familiares e de amigos diminua pelo processo natural de dispersão, óbitos, etc., ficando o idoso com a impressão de perder bruscamente a base de sua razão de ser social. Entre as alterações sociais ocorridas na velhice, destacamos:

- Ruptura com a vida profissional e falta de opções (aposentadoria);
- Modo e ritmo de vida diferentes;
- Situação econômica;
- Estado de saúde insatisfatório;
- Perda concomitante da função e do *status* social;
- Isolamento e insegurança social.

De acordo com Lorda (2009), o professor que trabalha com a terceira idade deve dar um tratamento global aos objetivos de seu planejamento, ou seja, articular o biológico, o psicológico e o social para favorecer um bom envelhecimento.

Santos (2005) afirma que o envelhecimento deve ser entendido como um processo múltiplo e complexo de continuidades e mudanças ao longo da vida, com redução e perdas, mas também com incrementos e reorganização de caráter funcional e estrutural.

Doenças prevalentes em idosos

Segundo Trindade (2005), as doenças que mais afetam os idosos e são em grande parte responsáveis pelas mortes, como derrames, infarto, diabetes, hipertensão, colesterol, etc., são as relacionadas ao estilo de vida dos sujeitos ao longo de suas vidas como alimentação e prática de atividade física.

Ter conhecimento sobre essas doenças é de grande importância para profissionais que atuam com essa faixa etária. Estão entre elas:

Doenças Cardiovasculares

Hipertensão arterial, arritmias, insuficiência cardíaca, doença coronariana, etc.

- **Fatores de risco:** alto nível de colesterol LDL, pressão alta, diabetes *mellitus*, tabagismo, etilismo, dieta com altos níveis de gordura saturada, colesterol e sal, histórico familiar de doenças cardiovasculares, estresse, sedentarismo e obesidade.
- **Prevenção:** manter uma dieta adequada (com pouca gordura saturada, colesterol e sal e grande quantidade de fibras); controlar o peso, evitar o vício de fumar, diminuir o consumo do álcool e praticar exercícios físicos.

Exercícios físicos para portadores de doenças cardiovasculares devem ser atestados pelo médico recomendando sua prática, ser regulares (de 3 a 7 dias por semana, entre 20 e 60 minutos) e, preferencialmente, aeróbios[1] (de intensidade leve a

---

1. Nem sempre a atividade na água será a melhor opção. É preciso conhecer o aluno e, em conjunto com o médico, verificar se não há, por exemplo, doenças associadas como cardiopatia + osteoporose. Nesse caso, a água não seria o ideal, pois não atenderia às necessidades para a melhora da osteoporose.

moderada). Se atenderem às necessidades do aluno, exercícios moderados na água são seguros para cardiopatas. Entretanto, é necessário sempre alertar os alunos quanto à intensidade, pois, como a água facilita o movimento, muitas vezes mascara a real intensidade. O aluno sente menos cansaço e calor, pode se empolgar e acabar exagerando.

Para a realização com menos risco de sobrecarga cardiovascular de exercícios com pesos, sugere-se a alternância dos grupos musculares ou a realização da atividade em circuito. Deve-se alertar os alunos para que evitem a apneia durante o exercício (Manobra de Valsalva). Essa atitude aumenta a pressão intracraniana, intratorácica e arterial. O professor deve acompanhar a pressão arterial e a frequência cardíaca dos alunos antes, durante e após as atividades, e lembrar que o uso de medicamentos pode mascarar os verdadeiros resultados.

Doenças Respiratórias

Asma, bronquite, rinite, sinusite, tuberculose, pneumonia, etc.

▶ **Fatores de risco:** poluição do ar, clima frio, tabagismo, alergias, fatores genéticos.

▶ **Prevenção:** manter a casa limpa e arejada, lavar roupas e cobertas guardadas há muito tempo e deixá-las secar ao sol, agasalhar-se ao sair de casa em dias frios, evitar o uso de tapetes e carpetes, evitar que a cama fique encostada na parede, evitar contato com animais de pelúcia e o fumo, beber bastante água e praticar exercícios físicos.

Exercícios físicos para portadores de doenças respiratórias devem ser atestados pelo médico recomendando sua prática. Devem ser regulares (de 3 a 7 dias por semana, entre 20 e 60 minutos) e preferencialmente aeróbios (de intensidade leve a moderada). Exercícios na água são recomendados por exigir um trabalho maior do aparelho respiratório, aumentando a capacidade cardiorrespiratória.

Doenças Musculoesqueléticas

Artrite, artrose, tendinite, bursite, escoliose, dores lombares, etc.

- **Fatores de risco:** movimentos repetitivos, força excessiva, posição sentada ou em pé por longos períodos, frio ou calor excessivos, tabagismo, estresse, idade e obesidade.
- **Prevenção:** modificar hábitos de trabalhos muito repetitivos, intercalar períodos em pé e sentado, evitar o fumo, controlar o peso e praticar exercícios físicos.

Exercícios físicos para portadores de doenças musculoesqueléticas devem ser atestados pelo médico, recomendando sua prática. Devem ser regulares (de 3 a 7 dias por semana, entre 20 e 60 minutos, de intensidade leve a moderada) e devem englobar exercícios de alongamento para reduzir a rigidez e a dor, de força e resistência muscular (com cargas baixas) para evitar a atrofia muscular e melhorar a mobilidade e aeróbios para perda de peso. Exercícios na água são recomendados por seu baixo impacto nas articulações.

Doenças Metabólicas

Diabetes, obesidade, osteoporose, síndrome metabólica, dislipidemias, etc.

- **Fatores de risco:** dieta inadequada, tabagismo, etilismo, histórico familiar de doenças metabólicas, obesidade e sedentarismo.

- **Prevenção:** fazer refeições balanceadas, evitar o fumo e o excesso de álcool, controlar o peso e praticar exercícios físicos.

Exercícios físicos para portadores de doenças metabólicas devem ser atestados pelo médico, recomendando sua prática. Devem ser regulares (de 3 a 7 dias por semana, entre 20 e 60 minutos) e preferencialmente aeróbios (de intensidade leve a moderada). Obesos podem realizar melhor os exercícios na água pela sensação de redução do peso corporal e menor impacto nas articulações; já no caso de indivíduos com osteoporose (que também pode ser considerada uma doença musculoesquelética), a água não é o melhor ambiente justamente por não gerar impacto. A imposição de peso e resistência à estrutura esquelética favorece o aumento da massa óssea e ajuda a combater a osteoporose.

Podemos também incluir algumas doenças neurológicas (Parkinson e Alzheimer), doenças sensoriais (deficiências visual e auditiva), depressão, incontinência urinária, síncopes e câncer. Nenhuma dessas doenças tem contraindicações a respeito da prática de exercícios físicos; ao contrário, tal prática, quando bem orientada, pode trazer inúmeros benefícios a seu praticante, prevenindo contra doenças crônicas ou aumentando a qualidade de vida quando elas estiverem presentes.

Segundo Samulsky (2009), a atividade física tem sido associada com a redução da incidência de morbidez e mortalidade por doenças crônicas, como, por exemplo: doença coronariana, câncer de cólon e diabetes não insulino dependente entre a população de meia idade.

De acordo com Courneya (2003) *apud* Weinberg (2008), uma revisão de 47 estudos investigou os efeitos do exercício sobre a qualidade de vida de sobreviventes de câncer de mama e outros tipos de câncer, e os resultados revelaram que o exercício foi benéfico tanto nos grupos de câncer de mama como nos grupos sem a doença, bem como durante e após o tratamento de câncer.

Para Samulsky (2009), o exercício físico tem se mostrado um tratamento eficaz para a depressão. Atualmente, diversos estudos têm apontado que saúde e longevidade estão associados à:

1) Sono adequado (7 a 8 horas por dia);
2) Um bom café da manhã;
3) Refeições regulares;
4) Controle de peso;
5) Evitar o estresse;
6) Evitar o tabagismo;
7) Consumo moderado de álcool;
8) Exercício físico regular.

De acordo com Trindade (2005), dados de pesquisas do Cooper Institute for Aerobics Research, a baixa aptidão física é apontada como maior risco relativo de morte. Homens e mulheres com baixa aptidão física apresentam o dobro de risco relativo de morte por todas as causas, em comparação às pessoas treinadas, estando também relacionadas a um grande número de acidentes que acarretam morte e lesões graves aos indivíduos da terceira idade.

Estatuto do idoso

No Brasil, as pessoas acima de 60 anos são amparadas pela Constituição Brasileira de 1988, em especial no artigo 230 em que se lê que *"a família, a sociedade e o Estado têm o dever de amparar as pessoas idosas, assegurando sua participação na comunidade, defendendo sua dignidade e bem-estar e garantindo-lhes o direito à vida"* e também pelo Estatuto do Idoso, que defende exclusivamente os direitos dessa população.

A Lei n° 10.741, de 1° de outubro de 2003, que dispõe sobre o Estatuto do idoso, traz o reconhecimento jurídico e formal dos direitos individuais, políticos, civis, sociais e econômico dos idosos brasileiros (Estatuto do Idoso, 2003). Nele encontramos algumas considerações imprescindíveis para um trabalho de educação física com a terceira idade.

Já no artigo 3° encontramos a primeira citação referente ao tema:

> **Art. 3°.** *É obrigação da família, da comunidade, da sociedade e do Poder Público assegurar ao idoso, com absoluta prioridade, a efetivação do direito à vida, à <u>saúde</u>, à ali-*

> mentação, à <u>educação, à cultura, ao esporte, ao lazer, ao trabalho, à cidadania, à liberdade, à dignidade, ao respeito e à convivência familiar e comunitária.</u> (Estatuto do Idoso, 2003, p. 9) (grifo nosso)

Percebemos que desses direitos assegurados às pessoas idosas, muitos deles, de forma direta ou indireta, se relacionam com a educação física, cujo papel é prevenir doenças, promover educação e cultura, dar acesso aos esportes e atividades de lazer, incluindo o idoso na sua comunidade.

O artigo 9º ressalta:

> É obrigação do Estado garantir à pessoa idosa a proteção à vida e à saúde, mediante efetivação de políticas sociais e públicas que permitam um <u>envelhecimento saudável</u> e em condições de dignidade. (Estatuto do Idoso, 2003, p. 11) (grifo nosso)

Nesse artigo, está a importância da atividade física para o cumprimento dos direitos dos idosos, pois uma das funções da atividade física é justamente prevenir doenças, retardar seu aparecimento, ou, ao menos, minimizar seus efeitos.

No Capítulo II, referente ao Direito à Liberdade, ao Respeito e à Dignidade, o artigo 10 salienta que é obrigação do Estado e da sociedade assegurarem à pessoa idosa a liberdade, o respeito e a dignidade, sendo que o parágrafo 1º destaca alguns aspectos que compreendem essa liberdade, tais como o IV, onde é *defendida a <u>prática de esportes</u> e de diversões* aos indivíduos idosos.

E, finalmente, o artigo 20º, que reforça ainda mais os itens anteriores, citando:

> *O idoso tem direito à <u>educação, cultura, esporte, lazer, diversões, espetáculos, produtos e serviços que respeitem sua peculiar condição de idade</u>.* (Estatuto do Idoso, 2003, p. 16) (grifo nosso)

Mediante essa proposta que a Lei nos aponta, fica claro observar que não somente a prática da atividade física deve ser levada em conta, mas sim que essas práticas sejam realizadas de acordo com a peculiar condição de idade, o que, para nós, significa que as práticas ministradas aos idosos, apesar de seguirem os mesmos parâmetros, não devem ser exatamente as mesmas que as utilizadas com crianças e adultos, pois as condições de idade, maturidade, experiência de vida e sabedoria são diferentes. Indivíduos idosos requerem posições diferentes de abordagem, métodos de ensino e motivação, além de cuidados especiais na didática, por exemplo, tomar cuidado para não infantilizar as atividades ou o idoso na prática da atividade física.

Da mesma forma, o Código de Ética do Profissional de Educação Física (CONFEF, 2003) ressalta que a Educação Física se afirma, segundo as mais atualizadas pesquisas científicas, como atividade imprescindível à promoção e à preservação da saúde e à conquista de uma boa qualidade de vida sendo o profissional conceituado como um interventor social, que age na promoção da saúde.

No artigo 5°, destacam-se como diretrizes para o desempenho da atividade Profissional em Educação Física o comprometimento com a preservação da saúde do indivíduo e da coletividade, e com o desenvolvimento físico, intelectual, cultural e social do beneficiário de sua ação.

No artigo 6°, são expostas as responsabilidades e deveres do Profissional de Educação Física. São algumas delas: promover uma Educação Física no sentido de que esta se constitua em meio efetivo para a conquista de um estilo de vida ativo dos seus beneficiários, por meio de uma educação efetiva, para promoção da saúde e ocupação saudável do tempo de lazer; assegurar a seus beneficiários um serviço profissional seguro, competente e atualizado, prestado com o máximo de seu conhecimento, habilidade e experiência; elaborar o programa de atividades do beneficiário em função de suas condições gerais de saúde.

Resumindo: o bom profissional deve ter conhecimento teórico-prático sobre as questões de envelhecimento (ter uma visão holística) e estar atualizado para, com segurança, promover a saúde e a ocupação saudável do tempo livre da população.

Qualidade de vida na terceira idade

De acordo com Samulsky (2009), qualidade de vida, em geral, é entendida como um termo que reflete a satisfação do indivíduo nos aspectos físico, psíquico e sociocultural.

Segundo Berger e McInman *apud* Samulsky (2009), qualidade de vida é o reflexo da satisfação harmoniosa dos objetivos e desejos de alguém, tendo maior ênfase a experiência subjetiva do que as condições objetivas de vida. A qualidade de vida ou a felicidade é a abundância de aspectos positivos somada a uma ausência de aspectos negativos. Ela também reflete o grau no qual as pessoas percebem que são capazes de satisfazer suas necessidades psicofisiológicas.

Para Berger e McInman *apud* Samulsky (2009), verifica-se que a qualidade de vida é o resultado das condições subjetivas de um indivíduo nos vários subdomínios que compõem sua vida, como por exemplo seu trabalho, sua vida social, sua saúde física, seu humor, etc.

Com o significativo aumento do número de idosos nas últimas décadas, novas preocupações surgiram em relação à população nessa faixa etária. Buscando melhorar o bem-estar e a qualidade de vida dessa população, na década de 1980, universidades e instituições começaram a desenvolver trabalhos para pessoas idosas. Mazo e outros autores (2004) citam que em diversas universidades estão sendo desenvolvidos programas para idosos, que favoreçam seus conhecimentos, oportunidades de estudo, relação interpessoal, social e intergeracional.

Conforme Lorda (2009), dar um sentido, uma qualidade a esta terceira etapa da existência, revalorizar as pessoas da terceira idade ante seus próprios olhos e os da comunidade, reintegrá-las ao jogo das relações sociais, têm sido, na história das sociedades modernas, fontes de importantes iniciativas e é nessa obra de reabilitação que o movimento ocupa um lugar importante, ainda que não exclusivo, entre outras atividades também importantes. Este mesmo autor cita que, em certo sentido, qualidade de vida para as pessoas idosas significa envolvimento em atividades estimulantes, criativas e de muito significado (deve-se levar em conta a situação socioeconômica, cultural, educacional, genética, etc. do idoso, pois o que é significativo para alguns não necessariamente o será para outros).

McDonald *apud* Lorda (2009) formulou cinco categorias gerais de componentes para tentar definir o conceito de qualidade de vida para os idosos. A primeira categoria é o *bem-estar físico*, que é composto por: comodidade material, saúde, higiene e segurança. A segunda categoria diz respeito às *relações interpessoais*, na qual se incluem as relações familiares, íntimas e o envolvimento comunitário. A terceira categoria tem a ver com o *desenvolvimento pessoal* e seus componentes que se relacionam com as oportunidades de desenvolvimento intelectual, autoexpressão, atividade lucrativa e autoconsciência. As atividades recreativas constituem a quarta categoria que, por sua vez, se divide em três componentes: socialização, recreação passiva e recreação ativa. A quinta categoria é representada pelas atividades espirituais[2] e transcendentais, que envolvem atividade simbólica e autoentendimento.

De acordo com Lorda (2009), a teoria de atividade de Havighurt, um dos modelos teóricos mais preeminentes para explicar a adaptação à idade avançada, enfatiza que, para alcançar uma velhice saudável, deve ser mantida uma participação ativa e ações sociais e comunitárias. O manter-se ativo na velhice é então necessário para uma vida satisfatória e adequada, importante também na adaptação às mudanças e ajustes sociais que envolvem essa etapa da vida.

Nos dias de hoje, observa-se um crescente número de programas de atividade física para a terceira idade nos diferentes segmentos da comunidade. Temos, como exemplo, os grupos do SESC, as Universidades Abertas à Terceira Idade (UNATI), os centros comunitários, os Centros de Atividades para Idosos (CATIs), os clubes e, mais recentemente, as academias.

Para Veras e Camargo Jr. (1995), é importante almejar uma melhoria da qualidade de vida daqueles que já envelheceram ou que estão envelhecendo, pois dessa conquista social é que surgirá uma maior manutenção da autonomia e independência. Para eles, uma maneira possível de reduzir os problemas de solidão dos idosos, melhorar seu contato social e desenvolver novas capacidades em idades mais avançadas são projetos de centros de convivência, onde se realizam atividades artísticas, de lazer ou esportivas.

---

2. Espiritualidade difere de religião. Enquanto a primeira se refere à experiência humana universal relacionada ao sagrado, transcendente, divino, sendo uma postura de vida com foco nas coisas espirituais como: amor, verdade, bondade, liberdade, a segunda é a crença em um deus geralmente expressada por meio de ritos, códigos morais, dogmas e grupos de pessoas que acreditam nas mesmas coisas e celebram sua espiritualidade da mesma maneira.

Veras e Camargo Jr. (1995) prosseguem dizendo que os projetos e as atividades para grupos da terceira idade devem objetivar e transmitir conceitos atuais e valorizar o idoso como cidadão e não somente oferecer atividades para ocupar o tempo vazio dos idosos. Os projetos podem proporcionar aos idosos um motivo para sair de casa regularmente e uma oportunidade de contato social, visto que a falta deste é em si um grande problema, com um impacto extremamente negativo para a saúde, tanto física como mental. A proposta para os idosos é de retardar ao máximo o início das doenças, que normalmente são crônicas e de difícil e lenta solução depois de instaladas.

Para Okuma (1998), muitos dados já configuram o benefício incontestável da atividade física para os que a praticam, em relação à saúde física, mental, psicológica e social. Além do significativo impacto que a atividade física regular pode ter sobre a prevenção e tratamento de doenças crônico-degenerativas em idosos, ela tem efeitos importantíssimos na manutenção da capacidade funcional, mesmo na presença de doenças.

Okuma (1998) cita ainda que, com o passar dos anos, o idoso não usufrui mais seu corpo como antes e, pela acomodação, passa a desconhecer seu próprio corpo, seu potencial biológico, sua capacidade de mover-se, seus recursos físicos e motores, o que o leva à inatividade. É função, então, da atividade física ajudá-lo nessa redescoberta de seus potenciais.

> *Parece claro que o compromisso que se assuma com o fim de manter um estilo de vida ativa, ainda que não a prolongue, desempenha um papel muito importante em manter a mobilidade e a independência física, as quais são chaves para manter a qualidade de vida. Apesar dos exercícios ou o envolvimento em atividades recreativas não serem*

a fonte da juventude na qual se mergulha para não envelhecer, está comprovado que a adequação física é um componente de nossas vidas que nos permite viver no grau máximo. O exercício físico não pretende necessariamente preservar ou prolongar a vida, mas sim aumentar os anos de bem--estar. (LORDA, 2009, p. 66)

Atividade física na terceira idade

Segundo Guedes e Guedes (1998), a atividade física engloba todo tipo de atividade corporal, desempenhada pelos músculos esqueléticos e que altere o gasto energético para além dos níveis de repouso. São exemplos de atividades físicas: dançar, pintar, passear, varrer, tomar banho, praticar exercícios físicos, etc.

Guedes e Guedes (1998) ainda afirmam que o exercício físico seria uma subcategoria da atividade física, mas com uma série de particularidades. Para que a atividade física seja considerada como exercício físico há a necessidade de uma sistematização de planejamento, de repetição, ou seja, de volume e intensidade previamente programados e adequadamente orientados e acompanhados, com o objetivo de melhorar ou manter os componentes da aptidão física relacionada à saúde.

Para Weinberg e Gould (2001), o exercício físico parece estar associado a mudanças positivas nos estados de humor e nas reduções de ansiedade e depressão, pois agem como intervalo ou afastamento da rotina. Algumas explicações para o aumento do bem-estar psicológico com o exercício podem ser dadas por meio da fisiologia (aumento no fluxo sanguíneo cerebral, mudanças nos neurotransmissores cerebrais, aumento do consumo máximo de oxigênio, redução da tensão muscular) e da psicologia: (esquecer os problemas cotidianos, sensação aumentada de controle, sentimento de competência e autoeficácia, melhora no autoconceito e autoestima, interações pessoais positivas, etc.)

Conforme Lorda (2009), desde a perspectiva psicológica, associa-se a participação em programas de exercícios com sentimento de ganho e satisfação de vida, redução da tensão, melhora na autoimagem, autoconceito e autoestima e estados de ânimo positivos. O exercício físico pode contribuir para uma liberdade maior de movimento, o qual pode aumentar o sentido de autossuficiência. No âmbito social permite maior interação com as demais pessoas, promove o crescimento social, amplia o círculo de relações sociais por meio de novas amizades e possibilita o desenvolvimento do espírito comunitário, ajudando a aliviar sentimentos de solidão e ansiedade que podem ser produzidos pelas perdas e mudanças sociais na velhice.

Pertencer a um grupo de atividade física para idosos pode ser uma ótima opção de lazer para essa população, pois, segundo Moragas (1997), quanto mais integrado for o lazer do idoso, mais normal será seu *status* na sociedade, e seu papel, menos diferenciado. Entretanto, as exigências e os ritmos de vida do resto da população e dos idosos são diferentes, por isso a reunião de pessoas com características, idade e ritmo de vida semelhante pode ser benéfica.

De acordo com Severo (1997), grupos em que se praticam atividades físicas buscando o desenvolvimento integral e melhor qualidade de vida do idoso são uma das formas de organizar e conquistar o espaço dentro da sociedade. Nessa mesma linha de pensamento, Mazo e outros autores (2004) apontam que os grupos de convivência, religiosos, associações, vinculados a clubes, entre outros, oportunizam aos idosos a socialização, a possibilidade de novas amizades e a exposição de sua criatividade e potencialidades.

Segundo Weinberg e Gould (2001), a prática de exercícios em grupo leva a uma maior adesão, pois programas em grupo oferecem satisfação, apoio social e um maior senso de compromisso. Fazer parte de um grupo de atividades físicas satisfaz as necessidades de socialização, ao mesmo tempo que promove benefícios psicológicos e fisiológicos.

Okuma (1998) enfatiza que envelhecer bem e atividade física são conceitos fortemente associados.

Mazo e outros autores (2004) cita que, ao envelhecer, os idosos enfrentam problemas como solidão, ausência de objetivos de vida e de atividades ocupacionais, sociais, de lazer, artístico, culturais e físicas. Junqueira (1998), igualmente, aponta vários elementos considerados como determinantes ou indicadores de bem-estar na velhice: longevidade, saúde biológica, saúde mental, satisfação, controle cognitivo, competência social, produtividade, *status* social, continuidade das relações informais, entre outros. A atividade física, então, auxilia na reintegração dos idosos na sociedade e na melhora de seu bem-estar geral.

Conforme Ribeiro (s.d), a não realização de exercício físico por parte das pessoas, com certeza, proporcionará uma deterioração mais rápida do organismo. Portanto, a sua prática constante é considerada grande fator de longevidade. A realização de exercícios físicos pelos idosos tem um aspecto fundamental quando se considera que as melhoras adquiridas darão a eles autonomia e independência, importantíssimas para as Atividades de Vida Diária (AVDs, atividades como deslocar-se de um lugar a outro, alimentar-se, vestir-se e cuidar da higiene pessoal) e Atividades Instrumentais de Vida Diária (AIVDs, atividades como atender ao telefone, lavar a roupa, limpar a casa, ir ao médico e fazer compras), permitindo uma capacidade tal que os façam permanecer independentes por maior tempo possível.

Okuma (1998) também defende que a atividade física é importantíssima para que o idoso tenha autonomia nas AVDs e AIVDs, pois, com a perda da capacidade funcional com o passar dos anos, atividades simples como andar, pentear-se e calçar os sapatos podem representar grande dificuldade. Além disso, a atividade física em grupos de terceira idade proporciona enormes realizações sociais, já que, no grupo, o idoso conversa, ouve e é ouvido, pode tocar, abraçar, trabalhar em equipe. A autora prossegue dizendo que as evidências mostram que mais da metade do declínio da capacidade física dos idosos ocorre devido ao tédio, à inatividade e à expectativa de enfermidade.

Segundo Silva (2003), o exercício físico com o avanço da idade pode fazer a diferença entre o desespero passivo (acomodação em todas as situações da vida) e o otimismo ativo (vontade, desejo de autorrealização e dinamismo), beneficiando até mesmo o sono do indivíduo.

Weinberg e Gould (2001) defendem que a qualidade de vida tende a ser afetada por eventos psicossociais e por comportamentos de saúde, de modo que, à medida que envelhecemos, a atividade física se torna cada vez mais importante devido à sua relação positiva com saúde física e mental.

Para Neri e Cachioni (1999), são bem conhecidos os efeitos positivos da atividade física, do treino cognitivo e do campo psicossocial sobre o bem-estar e a competência comportamental dos idosos. As mesmas autoras citam que os exercícios físicos podem ajudar, por exemplo, no senso de bem-estar, fundamental para que os idosos continuem engajados com o mundo social e o mundo da informação. O treino da memória feito por meio de jogos, dinâmicas, brincadeiras e oficinas da memória, por exemplo, pode ajudar os idosos a organizar suas vidas e assim se sentirem mais satisfeitos.

As pesquisas realizadas demonstram que o exercício físico é um fator importante para estimular diversos órgãos e torná-los mais aptos em face às alterações decorridas da velhice.

Okuma (1998) cita que a experiência da atividade física realizada em grupo constitui uma fonte de significados, tanto por oportunizar o suporte social como a interação, designando ao grupo uma qualidade motivacional para a superação de problemas mais comuns nessa fase da vida.

> *Os benefícios da atividade física são igualmente evidentes para o domínio das capacidades cognitivas e psicossociais. Reconhece-se sua forte relação com bem-estar psicológico, comumente indicado por sentimentos de satisfação, felicidade e envolvimento. Sabe-se também que pessoas que estão seguras de que dispõe das competências necessárias para um adequado funcionamento intelectual, físico, afetivo e social, ou seja, que se sentem eficazes, são beneficiadas no que tange à autoestima e aos motivos de realização. Pessoas mais eficazes e satisfeitas tendem a buscar mais controle, mais satisfação e mais envolvimento, parecendo, assim, diferentes do esteriótipo de velhice doentia, apagada e infeliz.* (OKUMA, 1998, p. 11)

Outro fator relevante foi apontado por França e Soares (1997), tendo em vista que as pessoas idosas que frequentam grupos sistemáticos modificam positivamente suas vidas, reconquistando a autoestima, ampliando suas amizades e atividades, inserindo em suas rotinas prazer, lazer e conhecimento. Para essas autoras, dentro desses grupos ocorrem também trocas geracionais importantíssimas para todas as idades, tanto para os professores que aprendem com os idosos, quanto para os idosos que convivem com os professores mais novos.

De acordo com Seminério *apud* França e Soares (1997), a manutenção de um campo aberto de relações interpessoais na terceira idade pode ser um verdadeiro antídoto para a depressão, pois o idoso passa a reconhecer a si mesmo como ser integrado, integrador e participativo na sociedade.

> *Está altamente evidenciado que todo adulto deve dedicar certo tempo a realizar alguma forma de atividade física: o coração, os pulmões, os músculos e, principalmente, a mente necessitam e se beneficiam com o exercício. Provou-se, repetidas vezes, que a atividade física melhora as condições normais do indivíduo e naqueles nos quais suas funções estiverem afetadas, os benefícios são notórios e, em muitas ocasiões, há uma grande melhora de suas funções.* (LORDA, 2009, p. 60)

Considerações para o trabalho com idosos

Segurança

As atividades devem ser realizadas em ambiente que não ofereça riscos aos participantes como um local plano, preferencialmente coberto, livre de calor ou frio excessivo, bem ventilado, com recursos de bebedouros, banheiros e primeiros socorros. Deve-se evitar locais com colunas centrais, degraus, pisos escorregadios, tapetes, móveis e objetos pontiagudos.

O professor deve orientar os idosos quanto às vestimentas e calçados adequados para realizar as atividades (camisetas, bermudas, calças de moletom ou agasalho de ginástica, tênis, etc.), esclarecendo mitos como "usar roupas quentes faz suar mais e emagrecer".

Bem-estar

O professor deve ficar atento ao bem-estar dos participantes e reforçar para que só realizem as atividades quando se sentirem bem fisicamente e de acordo com suas possibilidades e limites pessoais, sem querer seguir o ritmo do professor ou de outros colegas, mas, sem exageros, para não subestimar sua própria capacidade.

O professor deve orientar os idosos para interromperem a atividade caso sintam tonturas; formigamentos no rosto, braços e pernas; enjoos; câimbras; visão alterada; dores de cabeça; dores musculares muito fortes; fadiga excessiva; hipoglicemia; pressão arterial ou frequência cardíaca muito elevada. O professor deve estar atento para alunos que estejam pálidos ou muito vermelhos, transpirando de forma excessiva, trêmulos e com dificuldade para falar ou manter uma conversa.

Vale lembrar que atividades de intensidade moderada para jovens e adultos já podem ser consideradas vigorosas para um idoso sedentário.

Didática

O profissional que trabalha com idosos deve ter plena consciência de que seus alunos são adultos e não *"voltaram a ser crianças",* como muitas vezes o senso comum afirma, por isso, não deve infantilizar nem as atividades nem o seu comportamento.

Procurar, na medida do possível, individualizar as atividades segundo as necessidades e as capacidades de cada um (alguns idosos têm limitações e as atividades devem ser adaptadas a eles), evitando tolher ou limitar as possibilidades do indivíduo com eufemismos, excesso de zelo, superproteção ou compaixão.

Desenvolver atividades que propiciem bem-estar, que sejam gratificantes, utilitárias, recreativas, de fácil realização, integradoras e socializadoras, de modo a tornar a atividade física parte integrante dos hábitos de vida dos idosos.

Explicar as atividades em voz alta e clara, levando em consideração que a idade avançada causa diminuição na audição. Ser objetivo, simplificar as explicações e, se preciso, demonstrar as atividades.

Conhecer o grupo com que trabalha, suas motivações, aspirações e interesses. Promover a integração social e estimular a autonomia de ação dos idosos. É ético perguntar se os participantes preferem ser chamados pelo nome, por senhor/senhora ou por você. Mostrar os benefícios e explicar o porquê de cada atividade ou exercício antes, durante ou depois de realizá-los; elogiar os alunos sempre que possível (reforço positivo), mas também corrigir (de forma discreta e de preferência em grupo, explicando os malefícios de realizar o exercício incorretamente), auxiliando quando necessário, respondendo a todas as perguntas/dúvidas dos alunos (se não souber na hora, pesquisar as respostas e depois comunicar os alunos). O professor nunca deve ficar de costas para os alunos (a menos que na sala na qual as atividades são realizadas haja um espelho que o possibilite acompanhar todos) para poder corrigir se alguém estiver realizando um movimento incorreto e acompanhar a evolução destes.

O profissional deve saber que é um motivador para o grupo e que seu papel não é de imposição e liderança, mas sim de facilitador, e tem grande importância para a adesão e participação dos idosos. Entre os traços característicos de um professor-motivador, encontram-se a capacidade de demonstrar afeto, paciência, tolerância e interesse pelos alunos. O fato de ser bem tratado, com simpatia e alegria pelo professor, com certeza motiva o idoso a participar de um grupo e das atividades propostas. Esse aspecto não deve se resumir ao espaço das aulas. O professor pode, inclusive, sugerir que seja criada uma lista com nome, telefone e data de aniversário de todos os participantes a fim de que possam se comunicar mesmo nos dias em que não haja atividade.

Diferenças entre grupos

Cada grupo tem suas características e particularidades; por isso, atividades que dão certo com alguns podem não dar certo com outros e vice-versa. O professor pode e deve fazer as adaptações necessárias à realidade do grupo. Algumas turmas são mais ativas e condicionadas, enquanto outras são mais sedentárias, por isso uma mesma atividade pode ter resultados diferentes.

Também é importante lembrar que, dentro da mesma turma, podem existir alunos mais ativos e alunos mais debilitados, ficando a cargo do professor mensurar quais atividades devem ser aplicadas e qual o ritmo de cada turma, de modo que atenda a todos os participantes. Entretanto, o professor deve ressaltar que nenhuma atividade é obrigatória e que os alunos têm liberdade para participar ou não.

Músicas

O professor deve, na medida do possível, selecionar músicas que sejam agradáveis aos participantes, evitando que o som fique muito alto e atrapalhe a compreensão das coordenadas que for dando ao longo da atividade. Pode ser feita uma enquete com os participantes perguntando quais músicas eles mais gostam e adaptá-las aos momentos de atividades.

Atividades

As atividades selecionadas para este livro foram subdivididas de acordo com um objetivo principal, de modo que fique mais fácil para o leitor incluí-las em suas aulas, de acordo com a necessidade observada. Contudo, convém lembrar que uma mesma atividade pode ser realizada com técnicas e objetivos diferentes, podendo até mesmo ser adaptada, dependendo do interesse do professor e das necessidades do grupo.

É importante também preocupar-se com o antes e o depois das atividades. Antes de atividades que requeiram mobilidade e esforço físico, deve realizar-se um aquecimento articular para preparar as articulações e os órgãos para o movimento, evitando a produção excessiva de radicais livres (uma das maiores causas de envelhecimento) e proporcionando um alongamento, para maior amplitude de movimento dos participantes. Depois disso, é fundamental que o professor forneça um tempo para que os idosos possam partilhar suas experiências, sentimentos, dificuldades, descobertas, etc. e façam uma avaliação dos pontos positivos e negativos das atividades e do grupo como um todo.

As atividades devem procurar englobar tanto os aspectos físicos como psicológicos e sociais, de modo que haja maiores benefícios para os idosos.

Capacidade funcional

Uma das grandes mudanças decorrentes do envelhecimento e ocasionadas basicamente pelas perdas biológicas é a diminuição da capacidade funcional, ou seja, uma dificuldade maior para realizar de forma independente as AVDs e AIVDs.

Segundo o IBGE (2009), a incapacidade funcional é um conceito particularmente útil para avaliar as condições de saúde dos idosos, já que muitos desenvolvem doenças crônicas que causam impactos variados sobre a vida cotidiana. A OMS definiu incapacidade funcional como a dificuldade, devido a uma deficiência, para realizar as atividades típicas e pessoalmente desejadas na sociedade.

Para Benedetti (2007), com o processo de envelhecimento, geralmente ocorre uma redução do nível de atividade física e um aumento do número de doenças crônicas, o que gera efeitos negativos na capacidade funcional, aumentando as dependências.

Okuma (1998) destaca, em seu estudo, que as evidências demonstram que mais da metade do declínio da capacidade física dos idosos se deve ao tédio, à inatividade e à expectativa de enfermidade. Segundo a mesma autora, para a realização tanto das AVDs como das AIVDs é necessário um mínimo de aptidão física, por isso a atividade física (que melhora a aptidão física) é muito recomendada para manter a capacidade funcional do idoso e lhe garantir uma vida independente e com qualidade.

De acordo com Papaléo Netto e Ponte *apud* Mazo *et al.* (2004) "a manutenção da qualidade de vida está vinculada à autonomia e independência, que são indicadores de saúde para a população idosa".

As principais baterias de testes que avaliam a aptidão funcional de idosos são, segundo Benedetti (2007): bateria de testes American Alliance for Health, Physical Education, Recreation and Dance AAHPERD, Fullerton Test, avaliação da autonomia (QSAP, TMSP), escala motora da terceira idade (EMTI) e bateria de testes de atividades da vida diária para idosos fisicamente independentes.

Atividades que trabalham agilidade, lateralidade, ritmo, equilíbrio, reflexos, tempo de reação e coordenação motora são de extrema importância para que o idoso possa realizar com maior destreza atividades comuns do seu dia a dia como sentar e levantar de uma cadeira, subir e descer do ônibus, etc.

Aptidão física relacionada à saúde

Aptidão física, segundo Caspersen *apud* Mazo *et al.* (2004), é o conjunto de características possuídas ou adquiridas por um indivíduo e que estão relacionadas com a capacidade de realizar atividades físicas. Pode estar relacionada com a promoção de saúde e com o desempenho. Relacionada à saúde, a aptidão física possibilita mais energia para os afazeres diários e para o lazer, minimizando o risco de doenças crônico-degenerativas e psicossomáticas, como a depressão.

A aptidão física relacionada à saúde, segundo o American College of Sports Medicine (ACSM) *apud* Marins e Giannichi (2003), é formada por cinco componentes básicos: composição corporal, flexibilidade, capacidade cardiorrespiratória, resistência muscular e força muscular, sendo considerada um dos indicadores de qualidade de vida do indivíduo. Todos esses componentes podem ser treinados e melhorados com a prática de atividade física, revelando assim, mais uma vez, uma relação direta entre exercício e qualidade de vida. Vale a pena lembrar, no entanto, que alguns fatores como hereditariedade, estilo de vida e as condições ambientais podem afetar a aptidão física.

Para Leite (2000), a atividade física estruturada e elaborada para idosos pode melhorar uma baixa aptidão física, mantendo-a em níveis adequados. Para o autor, com exercícios de alongamento, flexibilidade, resistência e força muscular e aeróbicos, como a caminhada, pode-se evitar e prevenir a rigidez articular, a atrofia muscular, a incidência de artrose, lesões ósseas ou musculares e melhorar a capacidade respiratória. Além disso, os exercícios físicos melhoram o sono e deixam os praticantes com mais energia e dinamismo para as atividades do dia a dia.

De acordo com Okuma (1998), a atividade física e a aptidão física têm sido muito associadas à diminuição da mortalidade e morbidade acarretadas por doenças crônicas entre indivíduos de meia-idade, entre elas, a hipertensão, o diabetes não insulinodependente e o câncer.

Segundo a Organização Pan-Americana de Saúde (OPAS), as variáveis sobre tipo, frequência e intensidade da atividade física para diferentes populações irão variar de acordo com o resultado desejado, existindo, porém, um consenso quanto à recomendação de pelo menos 30 minutos diários de atividade de intensidade moderada.

Componentes da aptidão física relacionados à saúde

Composição corporal

Segundo Spirduso (2005), a composição corporal é vista clinicamente em termos de dois compartimentos: massa gorda (MG) e massa livre de gordura (MLG). A massa livre de gordura (MLG) é formada por proteínas, águas, minerais, músculos, pele, ossos e vísceras. Somando-se a MG e a MLG, obtém-se a massa corporal total.

Para Mazo *et al.* (2004), a composição corporal é, simplesmente, "a quantificação dos principais componentes estruturais do corpo humano, que são: gordura, ossos e músculos".

O excesso de gordura no organismo pode causar inúmeros problemas de saúde como doenças circulatórias, coronarianas, degenerativas das articulações, diabetes, dores lombares, etc., levando a uma redução na expectativa de vida. Assim, pouca gordura corpórea representa igualmente riscos à saúde, pois, para manter suas funções fisiológicas básicas, o corpo precisa de certo nível de gordura (Heyward, 2004).

O ideal é manter um peso médio, nem muito acima nem muito abaixo do recomendado. Uma alimentação saudável e equilibrada, aliada à prática de atividades físicas, é a melhor maneira de manter uma composição corporal em níveis adequados.

Existem diversas formas de se medir a composição corporal, como, por exemplo, a medida de dobras cutâneas e a bioimpedância. Heyward e Stolarczyk *apud* Mazo *et al.* (2004) sugerem como uma boa opção para a avaliação do percentual de gordura em idosos as equações de Lohman (1992) ou de Gray (1989).

De acordo com Mazo *et al.* (2004), um bom parâmetro para verificar o estado nutricional dos idosos é o Índice de Massa Corporal (IMC). O IMC é uma fórmula usada para indicar se o indivíduo está abaixo do peso, no peso normal, acima do peso ou se está obeso (OMS, 2006)

Segundo Spirduso (2005), quanto maior o IMC maior a probabilidade de um adulto ter uma proporção mais alta de gordura, estando o IMC também relacionado de maneira complexa à mortalidade.

A fórmula para calcular o Índice de Massa Corporal é:

$$IMC = \frac{peso}{(altura)^2}$$

Classificação do IMC para adultos (OMS, 2006)

Classificação	IMC (kg/m²) Ponto de Corte Principal	Ponto de Corte Adicional
Baixo Peso	< 18,50	< 18,50
Magreza severa	< 16,00	< 16,00
Magreza moderada	16,00 – 16,99	16,00 – 16,99

Magreza suave	17,00 – 18,49	17,00 – 18,49
Peso Normal	18,50 – 24,99	18,50 – 22,99
		23,00 – 24,99
Sobrepeso	≥ 25,00	≥ 25,00
Pré-obeso	25,00 – 29,99	25,00 – 27,49
		27,50 – 29,99
Obesidade	≥ 30,00	≥ 30,00
Obesidade I	30,00 – 34-99	30,00 – 32,49
		32,50 – 34,99
Obesidade II	35,00 – 39,99	35,00 – 37,49
		37,50 – 39,99
Obesidade III	≥ 40,00	≥ 40,00

Classificação do IMC para idosos (OPAS, 2003)

Condição	IMC em idosos
Baixo peso	< 23
Peso normal	23 – 28
Sobrepeso	28 – 30
Obesidade	> 30

Por exemplo, um idoso com 70 kg, que mede 1,80 m:

IMC = 70 ÷ (1,80 × 1,80)

IMC = 70 ÷ 3,24

IMC = 21,6

Segundo a classificação da OPAS para idosos, esse indivíduo estaria com baixo peso.

De acordo com Safons (2007), também podemos avaliar a deposição central de gordura e o risco para doenças crônicas por meio de um método chamado Avaliação da Relação entre a Cintura e o Quadril (RCQ). A medida da cintura deve ser tomada à altura da cicatriz umbilical e a medida do quadril à altura de sua maior circunferência, ambas em centímetros.

$$RCQ = \frac{cintura}{quadril}$$

Valores de referência para gordura abdominal e risco para idosos

	Baixo	Moderado	Alto	Muito alto
Masculino	< 0,91	0,91 a 0,98	0,99 a 1,03	> 1,03
Feminino	< 0,76	0,76 a 0,83	0,84 a 0,90	> 0,90

Fonte: Applied Body Composition Assessment apud Safons (2007).

Flexibilidade

A flexibilidade é definida por Okuma (1998) como "a capacidade de movimento da articulação com a maior amplitude possível".

Para Mazo *et al.* (2004), a flexibilidade é um elemento importante da aptidão física e está relacionada com a capacidade funcional. A autora afirma também que uma boa flexibilidade em idosos reduz o número de lesões e dores lombares. Okuma

(1998) confirma esses fatos, pois, para essa autora, a falta de flexibilidade, principalmente nas articulações da coluna, quadril e joelhos, está associada a dificuldades na realização das AVDs e AIVDs, podendo ser a principal causa de desconforto e incapacidade no idoso.

Werlang *apud* Marchand (2002) cita que indivíduos sedentários tendem a ter menos flexibilidade que indivíduos ativos, e este fato é agravado com o passar dos anos, pois o nível de flexibilidade tende a diminuir e com isso aumentam os riscos de lesões, dores, problemas posturais e dificuldades na realização de atividades diárias.

Achour Junior (2007) relata que a flexibilidade aumenta na infância até o princípio da adolescência e diminui ao longo da vida, e os exercícios de alongamento muscular diminuem a rigidez ou a dureza muscular, característica que se acentua com o aumento da idade.

De acordo com Trindade (2005), há um declínio de 20% a 30% da capacidade de amplitude do movimento articular dos 20 aos 70 anos, com um aumento nesse percentual depois dos 80, o que dificulta a realização das AVDs e AIVDs (para subir uma escada, por exemplo, além da força muscular, é necessária certa amplitude de movimento). Este declínio pode representar uma das principais causas de incapacidade do idoso, decorrente da limitação de movimento corporal.

Segundo Spirduso (2005), a flexibilidade é mantida na articulação pela sua utilização e pela prática de atividades físicas que alonguem os músculos sobre ela (como alongamentos e flexionamentos, por exemplo). Para o autor, quando uma articulação é pouco usada, os músculos que a cruzam se encurtam e reduzem a amplitude de movimento, por isso, segundo Trindade (2005), a flexibilidade articular é fundamental para o movimento efetivo, propiciando movimentos ágeis e seguros e prevenindo lesões musculares e ligamentares.

De acordo com Farinatti (2007), em idade avançada, a perda da flexibilidade afetaria atividades importantes do dia a dia, como subir em um ônibus, lavar-se e vestir-se. No entanto, o exercício físico contribui bastante para a estabilidade e a flexibilidade articulares.

Assim, o processo de envelhecimento pode ser retardado com a melhora da flexibilidade, pois esta aumenta a amplitude de movimento e a autonomia para as AVDs e AIVDs.

Para Marins e Giannichi (2003), existem vários métodos para o aprimoramento da flexibilidade: o ativo, o passivo e a facilitação neuromuscular proprioceptiva (FNP), que se diferenciam pela forma de execução, pela resposta fisiológica e pelos resultados obtidos. Entre eles, o método mais indicado, por apresentar menor risco de lesões e dor residual, é o método passivo, cujos movimentos são executados de forma lenta e relaxada, procurando atingir a maior amplitude de movimento possível e sustentá-la.

Safons (2007) sugere os testes: sentar e alcançar na cadeira para flexibilidade de membros inferiores e alcançar as mãos às costas para flexibilidade de membros superiores.

Sentar e alcançar na cadeira: Flexibilidade membros inferiores

Descrição: Sentar na parte dianteira de uma cadeira, com uma das pernas estendidas: com as mãos unidas realizar o movimento de alcançar os dedos do pé. Registrar o número de centímetros (cm) para mais (+) ou para menos (–) entre as pontas dos dedos das mãos e a ponta do dedão do pé.

Valores de Referência (cm)

	\multicolumn{7}{c	}{Idade}
	60-64	65-69	70-74	75-79	80-84	85-89	90-94
Masculino	–1 a +13	–1 a +11	–3 a +9	–4 a +9	–5 a +8	–6 a +6	–11 a –3
Feminino	–6 a +10	–8 a +8	–9 a +6	–10 a +5	–14 a +4	–14 a +1	–17 a –1

Alcançar as mãos às costas:
Flexibilidade dos membros superiores

Descrição: Com uma mão por cima do ombro, tentar alcançar a outra que veio por baixo no meio das costas. Registrar o número de centímetros (cm) para mais (+) ou para menos (–) entre as pontas dos dedos médios.

Valores de Referência (cm)

	\multicolumn{7}{c	}{Idade}
	60-64	65-69	70-74	75-79	80-84	85-89	90-94
Masculino	–8 a +4	–9 a +4	–10 a +3	–13 a +1	–14 a 0	–18 a –3	–20 a –3
Feminino	–17 a 0	–19 a –3	–20 a –3	–23 a –5	–24 a –5	–25 a –8	–27 a –10

Capacidade cardiorrespiratória (ou capacidade aeróbia)

Capacidade cardiorrespiratória ou aeróbia é a capacidade do sistema cardiopulmonar em oferecer sangue e oxigênio aos músculos ativos e desses músculos utilizarem o oxigênio e substratos energéticos para realização de trabalho durante um esforço físico máximo (Astrand e Rodahl *apud* Spirduso, 2005).

Quanto mais apto e bem treinado for o indivíduo, melhor conseguirá utilizar o oxigênio para produção de energia.

Segundo Leite (2000), a capacidade de absorver, transportar e utilizar oxigênio se reduz em aproximadamente 50% aos 75 anos se comparado a um indivíduo de 30 anos. Isso acarretará, no idoso, uma menor capacidade para produzir energia útil para sustentar um trabalho físico por tempo prolongado.

Lorda (2009) aponta que todo o sistema respiratório sofre o envelhecimento: as mucosas do nariz, da faringe, da laringe, o que é demonstrado pelo gotejamento do nariz, rouquidão da garganta, voz quebrada e uma necessidade constante de expectorar. Há também uma perda da elasticidade torácica, sendo a diferença quanto a perímetros torácicos em inspiração e expiração notória entre jovens e anciãos. Enquanto em uma pessoa jovem uma inspiração profunda e uma expiração forçada expandem oito a dez centímetros entre uma e outra dimensão do tórax, no idoso projeta o tórax apenas de quatro a seis centímetros.

A capacidade aeróbia é determinada por meio do VO_2 máximo (Spirduso, 2005), que, segundo Trindade (2005), é a capacidade do corpo para captar oxigênio, transportá-lo e utilizá-lo para a obtenção de energia por meio de fontes de energia. Essa medida pode ser feita por meio de testes diretos como o teste ergoespirométrico e indiretos por meio de protocolos validados de mensuração de VO_2máx.

De acordo com Sharkey (1998), estudos longitudinais mostram que, após os 25 anos de idade, a capacidade aeróbia declina de 8 a 10% por década; no entanto, para indivíduos moderadamente ativos, o índice de declínio é de 4 a 5%, e para indivíduos treinados se reduz a 2% ou menos.

Spirduso (2005) afirma que, de alguma forma, o VO_2máx. declina com o envelhecimento, independentemente da quantidade de treinamento a que o indivíduo se submete, e a principal razão para esse declínio é a diminuição da frequência cardíaca máxima. Outra razão seria a diminuição da massa muscular, na capacidade de redirecionar o fluxo sanguíneo de órgãos para músculos em atividade e na capacidade dos músculos em utilizar o oxigênio. No entanto, Farinatti (2007) afirma que, embora a atividade física não possa impedir o declínio do VO$_2$máx., ela certamente pode atenuá-lo.

Para Safons (2007), a fim de avaliar a resistência aeróbia de idosos, pode-se realizar o teste de caminhada de 6 minutos.

Caminhada de minutos adaptada: Resistência Aeróbia

Descrição: Número de metros que pode ser andado em 6 minutos em torno de um percurso de 50 metros, demarcado no solo ou pista, em 10 espaços de 5 metros.

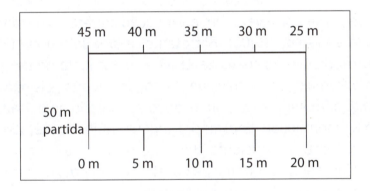

Valores de referência caminhada de 6 minutos (n° de metros percorridos)

	\multicolumn{7}{c}{Idade}
	60-64	65-69	70-74	75-79	80-84	85-89	90-94
Masculino	198-604	457-581	439-562	393-535	353-494	311-466	251-402
Feminino	578-672	512-640	498-622	430-585	407-553	348-521	279-457

Resistência (*endurance*) muscular e força

Resistência muscular, segundo Mazo *et al*. (2004), é a aptidão física que permite ao músculo ou grupo muscular manter níveis de força submáxima por um período de tempo elevado, sem diminuição da eficiência.

De acordo com Pereira e Gomes (2003), sua mensuração é geralmente feita por meio de testes em que diversas contrações são realizadas com cargas submáximas.

Força muscular, segundo Barbanti (1979), é a capacidade de exercer tensão muscular que envolve fatores mecânicos e fisiológicos, que determinam a força em algum movimento particular. Pode ser estática, dinâmica ou explosiva (Mazo *et al.*, 2004) e geralmente é mensurada pelo teste de uma Repetição Máxima (1RM) no qual o indivíduo tenta mover a maior carga possível, uma única vez, com a execução correta do movimento (Pereira e Gomes, 2003). Entretanto, segundo Safons (2007), como o objetivo do teste de 1RM é testar justamente qual a carga máxima que um indivíduo consegue suportar, ele não pode ser feito com segurança para o idoso sedentário ou portador de alguma enfermidade. Esta autora sugere então um método mais simples, seguro e eficiente chamado de Estimativa de Carga, que é o número de repetições possíveis para uma determinada faixa de intensidade de treinamento.

Para estimar a carga por esse método, o professor deve encontrar junto com seu aluno uma carga com a qual ele consiga trabalhar o número de repetições sugeridas e nenhuma repetição a mais. Tal escolha se faz a partir de uma tabela que correlaciona o percentual de 1RM calculado com o número de repetições possíveis (e nenhuma mais) para uma carga dada:

Número de repetições conseguidas, e nenhuma a mais	Faixa de treinamento em % de 1RM
1	100
2	95
4	90
6	85
8	80
10	75
12	70
14	65
15 a 20	50 a 60

Fonte: Nunes (2000) *apud* Safons (2007).

Exemplo: aluno sedentário, intensidade 50%. Na primeira aula, em um trabalho de bíceps, dê a ele um peso de 2 kg e pergunte se ele acha que consegue levantá-lo de 15 ou 20 vezes. Observe a execução quando for chegando aos valores estipulados. Se antes de chegar às 15 repetições o aluno apresentar dificuldades, aquela carga está acima dos 50% de intensidade e o exercício deve ser interrompido e a carga diminuída na próxima série/aula. Por outro lado, se o aluno realizou 20 repetições com facilidade, a carga está abaixo dos 50% e o exercício deve ser interrompido, e a carga aumentada, na próxima série/aula. Este procedimento deve ser repetido para cada exercício prescrito para cada grupo muscular e cada aluno chegará a um número diferente de repetições, por isso este método é mais utilizado em aulas particulares e reabilitação (SAFONS, 2007).

Segundo Safons (2007), como indicação para o trabalho com idosos é que este seja realizado preferencialmente em grupo, a Escala CR10 de Borg de Percepção Subjetiva do Esforço é o método mais útil, pois permite ajustar a carga desejada para cada aluno individualmente, mas com todos trabalhando o mesmo número de repetições em uma aula coletiva. Nesse caso, em uma aula com objetivo de 50 a 60% de intensidade, o professor padroniza o número de repetições (10 por exemplo) e pede para que cada aluno escolha um peso com o qual consiga realizar as 10 repetições num esforço que poderia ser classificado entre 3 e 4 na escala de Borg. Caso o aluno aponte valores acima de 5, diminuir a carga; caso aponte valores abaixo de 2, aumentar a carga. Dessa forma o professor consegue ter em uma mesma aula alunos de diversos níveis de treinamento, o que reforça os laços, desenvolve o espírito colaborativo, oportuniza o convívio com as diferenças e a inclusão.

Carvalho e Soares (2004) citam que a força muscular máxima é alcançada por volta dos 30 anos, mantendo-se estável até a 5ª década, na qual se inicia o seu declínio. Entre 50 e 70 anos, a perda é de aproximadamente 15% por década, após o que a redução de força muscular aumenta para 30% a cada 10 anos. Para Lorda (2009), com respeito à força muscular observada no dinamômetro, vemos que é entre os vinte e trinta anos seu máximo ponto e que aos oitenta e cinco não representa mais que a metade. Essa perda é atribuída principalmente à perda de massa muscular, seja por atrofia, seja por redução do número de fibras musculares.

De acordo com Farinatti (2007), a força muscular é necessária para diversas atividades cotidianas e, para o idoso, assume um destaque especial devido à sua associação com a locomoção, equilíbrio e execução de tarefas cotidianas básicas. Spirduso (2005) também relata essa associação entre força muscular e locomoção, pois os resultados de testes em laboratórios e observações clínicas indicam que a força muscular declina, com o avanço da idade, mais rapidamente nos membros inferiores do que nos superiores.

Para Okuma (1998), a atrofia muscular aumenta o risco de incapacitações ortopédicas e diminui o controle sobre o corpo, aumentando o risco de acidentes e principalmente de quedas.

Carvalho e Soares (2004) afirmam que a perda de força e massa muscular predispõe os idosos a limitações funcionais (que acarretam dependência de outras pessoas e perda da autonomia), sendo este um fator predisponente para muitos processos patológicos associados ao aumento de morbidade e mortalidade. Além disso, Spirduso (2005) afirma que a maior parte do declínio na força e resistência muscular, pelo menos até os 70 anos, se deve mais ao desuso do sistema neuromuscular do que ao envelhecimento.

De acordo com Safons (2007), as perdas de massa e força muscular estão ligadas à maior incidência de doenças crônicas como a osteoporose, aos distúrbios de equilíbrio e da marcha, bem como à maior incidência de quedas.

Segundo Farinatti (2007), pesquisas indicam que, uma vez submetidos a cargas de 70 a 90% de sua força máxima, os idosos exibem melhorias comparáveis ou mais importantes que as observadas em adultos jovens, e mesmo idosos muito debilitados podem ter incrementos substanciais de força, com atividades consideradas muito leves, abaixo do limiar mínimo a partir da qual se esperariam respostas em adultos jovens.

Para Fleck *apud* Mazo *et al.* (2004), a atividade física moderada pode gerar um ganho de força de 10 a 20% em indivíduos de 30 a 70 anos.

Sobre os testes para medir a força em idosos, Mazo e outros (2004) citam que sua realização envolve um componente psicológico muito grande, estando relacionada com a motivação, o que pode causar alterações nos resultados. Por isso, é necessário que haja envolvimento entre o avaliado e o avaliador.

Para Safons (2007), pode-se avaliar a força em idosos a partir de testes como: sentar e levantar em 30 s para força de membros inferiores e flexão de cotovelo com halteres em 30 s para força de membros superiores.

Sentar e levantar em 30 s:
Força de Membros Inferiores

Descrição: registrar o número de levantamentos completos realizados em 30 segundos com os braços cruzados ao peito. Altura da cadeira: 43 cm.

**Valores de referência Sentar e Levantar
(nº de repetições)**

	Idade						
	60-64	65-69	70-74	75-79	80-84	85-89	90-94
Masculino	12-17	11-16	10-15	10-15	9-14	8-13	4-11
Feminino	16-22	15-21	14-21	13-19	13-19	11-17	7-12

Flexão de cotovelo com halteres em 30 s:
Força de Membros Superiores

Descrição: registrar o número de levantamentos completos realizados em 30 segundos com um peso na mão dominante: de 5 libras (2,27 kg para mulheres) e 8 libras (3,63 kg para homens).

**Valores de referência flexão de cotovelo
(nº de repetições)**

	Idade						
	60-64	65-69	70-74	75-79	80-84	85-89	90-94
Masculino	13-19	12-18	12-17	11-17	10-16	10-15	8-13
Feminino	16-22	15-21	14-21	13-19	13-19	11-17	10-14

Avaliação médica para atividade física

Uma grande quantidade de dados epidemiológicos comprova os benefícios da atividade física regular para a saúde. Mas, embora a prática regular de exercícios seja acompanhada de inúmeros benefícios, alguns riscos devem ser considerados, sendo a avaliação médica fundamental para que os benefícios sejam maximizados e os possíveis riscos minimizados.

Entre os riscos, podemos citar as lesões ortopédicas, arritmias cardíacas (principalmente em cardiopatas), infarto agudo do miocárdio (em indivíduos não treinados e portadores de múltiplos fatores de risco em atividade física vigorosa) e morte súbita.

Todos os indivíduos com 60 anos ou mais devem ser submetidos à avaliação médica periódica e o clínico ou geriatra que o acompanha deve estar apto a liberar e recomendar a atividade física.

A avaliação deve incluir informações e dados clínicos, como medidas antropométricas, fisiológicas e teste de esforço máximo. Recomendam-se reavaliações periódicas para revisão da prescrição do exercício e para monitoramento dos eventuais ganhos obtidos.

Segundo Leite (2000), na avaliação médica e funcional do idoso, o exame clínico, o teste ergométrico, testes para avaliar a aptidão motora e o registro de incapacidade e deficiência (se presentes) devem ser enfatizados.

É de suma importância que o professor de educação física realize uma avaliação física diagnóstica de seu aluno por meio de testes e anamnese. Essa avaliação servirá como base para a prescrição de atividades que trarão mais benefícios para seu aluno com menores riscos. Periodicamente, o professor deve realizar outras avaliações para revisão da prescrição do exercício e para monitoramento dos eventuais ganhos obtidos.

Intensidade do exercício

Uma forma simples e eficaz de perceber a intensidade do exercício é por meio da Escala de Percepção Subjetiva de Esforço (PSE).

Segundo Safons (2007), a mais utilizada em educação física é a Escala de PSE CR10 de Borg. Ela se aplica em situações em que se deseja levar em conta como o aluno está se sentindo durante o exercício e é muito útil para os alunos em que a frequência cardíaca não é um parâmetro confiável (cardiopatas, usuários de medicamentos como betabloqueadores, etc.)

A escala CR10 de Borg é numérica e visual, com uma classificação de esforço percebido que vai de 0 a 10. Esses valores estão relacionados linearmente com a frequência cardíaca (FC) e a intensidade de trabalho, sendo considerada um indicador para quem está fazendo atividade física, do nível de esforço físico e servindo como parâmetro para interrupção de testes (Marins e Giannichi, 2003).

É imprescindível que o profissional de educação física esclareça para seus alunos, independentemente da idade destes, a importância de respeitar os limites da intensidade do exercício para que este cause benefícios e não malefícios. É sabido que esse desrespeito pode colocar em risco a saúde do aluno, podendo causar lesões coronárias, neurológicas e prejudicar órgãos vitais, principalmente se desde a juventude não se respeitou tal limite.

De acordo com Safons (2007), a escala pode ser adaptada da seguinte maneira no trabalho com idosos:

CR10 Borg	PSE	FC máx.	%1RM	Flex
0	Absolutamente nada			
1	Muito fraco			Alongamento
2	Fraco	40%	40%	Alongamento
3	Moderado	50%	50%	Flexionamento
4	Um pouco forte	60%	60%	Flexionamento
5	Forte	70%	70%	Flexionamento
6		80%	80%	Flexionamento
7	Muito forte		90%	Risco Lesão
8				Risco Lesão
9				Risco Lesão
10	Extremamente forte			Risco Lesão

Fonte: BORG (2000), adaptada por GEPAFI *apud* Safons (2007).

Para Safons (2007), ao utilizar-se a escala com idosos é importante reproduzi-la em tamanho que permita sua fácil utilização (se individual, usar fontes grandes; se em grupo, o tamanho do cartaz (pôster ou quadro) deverá permitir que todos os alunos da sala possam enxergá-lo de onde estiverem. Para essa autora, um sinal externo de que o idoso está em 4 na Escala CR10 de Borg (60% da FC máx.) é a aceleração da respiração. Até 3 na escala (50%) é possível fazer o exercício e conversar naturalmente. A partir de 4 na escala, a fala já vai ficando entrecortada pela respiração. O suor não é um sinal confiável para avaliar o nível de esforço, pois sua presença não varia muito de pessoa para pessoa.

Outro ponto destacado por Safons (2007) é a dificuldade que alguns idosos podem ter em usar a tabela. Pelo fato de ser uma tabela de percepção subjetiva, o desejo de agradar ao professor, de parecer melhor ou de competir com o colega pode levar o idoso a informar uma percepção menor que a real (o professor deverá então ajudar a pessoa a refrear sua ânsia por competir) ou, por outro lado, pode levar o aluno a informar que está se esforçando mais que o real pelo medo de tentar algo novo, de sofrer ou pelo desejo de atenção extra (o professor deverá então ajudar essa pessoa a aprender que o exercício planejado é seguro e que ele é capaz de realizá-lo).

Segundo Farinatti (2007), outra forma de estabelecer parâmetros individualizando um pouco mais a prescrição é por meio da utilização da frequência cardíaca de reserva, pelo fato da margem de erro ser maior em prescrições baseadas na frequência cardíaca máxima para idosos.

Cálculo da Frequência Cardíaca de Reserva

FC máx. – FC repouso

Cálculo da FC Máxima[3]

220 – idade

No entanto, segundo Mastrocolla *apud* Marins e Giannichi (2003), durante essa equação é interessante considerar a existência de uma flutuação para mais ou menos 12 BPMs nos escores previstos.

---

3. Karnoven *et al.*, 1957, citado por Marins e Giannichi, 2003.

Exemplo: indivíduo de 60 anos

220 – 60 = 160 BPMs (essa é a FC máx. para esse indivíduo)
Se a sua frequência cardíaca em repouso for 85 BPMs, sua frequência cardíaca de reserva será: 160 – 85 = 75 BPMs.
O procedimento de cálculo para a prescrição da frequência cardíaca de treino (FCT) sugerido por Safons (2007) é bastante simples:
FCT: frequência cardíaca de treino
%: percentual de trabalho selecionado
FC máx.: frequência cardíaca máxima

Exemplo: indivíduo de 70 anos sedentário em início de treinamento.
FC máx.: 150 bpm
Objetivo de Trabalho: 40%, progredindo até 60%.
FCT: % de FC máx.
FCT: 40% de 150 = 60 bpm
FCT: 60% de 150 = 90 bpm

De acordo com Safons (2007), muitas vezes ao analisar os valores de FCT de idosos o professor pode considerá-los baixos demais para iniciar um treinamento. Todavia, é preciso lembrar que o idoso sedentário e o cardíaco em reabilitação estão submetidos ao risco de evento cardiovascular (infarto, derrame, etc.) por sobrecarga de intensidade. Se o trabalho parecer leve para o aluno, o professor pode aumentar alguns minutos na duração ou mais um dia de treino na frequência semanal, mas deve ir devagar com os aumentos da FC.

Outra observação que reforça a necessidade de se iniciar com baixa intensidade é o fato de muitos idosos fazerem uso de medicamentos para controlar a pressão arterial e estes alterarem/mascararem a FC real do idoso, podendo levá-lo a infartar e morrer durante o exercício ou até algumas horas depois, mesmo apresentando baixa FC (SAFONS, 2007).

Motivação para a prática de atividade física

Nos programas que desenvolvem atividades para essa faixa etária é de fundamental importância que os participantes se sintam motivados a realizar as atividades para que possam perseverar nelas. Muitos iniciam as práticas por indicação do médico e não as mantêm. Outros, contudo, começam a praticar e adotam essas práticas muito bem, fazendo delas parte fundamental de sua vida.

Para Mouly (1993), a motivação tem interesse específico para o professor, cuja tarefa é dirigir o crescimento de seus alunos, na direção de objetivos valiosos.

Severo (1997) defende que o interesse do idoso pode ser despertado por meio da atividade física, bem como a satisfação, o ânimo, o bem-estar espiritual, a segurança, o carinho, a integridade e a confiança.

Entre muitos profissionais da área de saúde, é unânime o fato de que a prática de atividade física traz muitos benefícios para qualquer idade, em especial para os idosos. Não somente auxilia na melhora de suas condições biológicas, mas também sociais e psicológicas. Entretanto, o senso comum muitas vezes não tem essa percepção da importância da atividade física, deixando-a de lado, principalmente, com o avanço da idade. Por isso, é necessário que, cada vez mais, se produzam conhecimentos sobre essa realidade para que a população se conscientize da importância da atividade física para uma velhice bem-sucedida, e, também, para que, reconhecendo essa importância da atividade física para seu próprio bem-estar, os indivíduos se sintam motivados a participar de tais atividades.

Para Sawrey *apud* Kutna (2000), a palavra motivar significa "provocar movimento".

Segundo Mouly (1993), os motivos podem ser compreendidos como predisposições para certos tipos de comportamento que o indivíduo desenvolve a partir do relativo êxito de várias tentativas para satisfazer as suas necessidades. Por exemplo, o aprendiz pode ser estimulado a satisfazer suas necessidades por meio da participação em atividades que o levem à realização de objetivos educacionais desejáveis.

O autor prossegue dizendo que o comportamento não ocorre espontaneamente, mas como uma resposta aos motivos do indivíduo. De modo geral, aceita-se a ideia de que os motivos têm três funções importantes:

- **Ativam o organismo:** na tentativa de satisfazer o motivo, leva o organismo à atividade.
- **Dirigem o comportamento para um objetivo:** a atividade do organismo é dirigida para o objetivo de satisfazer as necessidades.
- **Selecionam e acentuam a resposta correta:** as respostas que conduzem à satisfação dos motivos serão aprendidas.

Para Maslow *apud* Weiss (1991), as pessoas primeiramente se ocupam das necessidades básicas de sobrevivência como alimento e abrigo. Estando satisfeitas as necessidades físicas, lutam para satisfazer as de segurança e defesa. Depois de estas estarem satisfeitas, procuram a companhia dos outros para dar e receber amor, carinho, simpatia e apoio. Além dessas necessidades, as pessoas satisfazem impulsos relacionados à autoestima, e, finalmente, quando todas essas necessidades estão satisfeitas, as pessoas podem buscar dentro de si mesmas a realização, a satisfação, a compreensão e o conhecimento.

Por sua vez, Murray *apud* Weiss (1991) defende que as categorias de necessidades são as seguintes:

- **Necessidades de autorrealização:** realização, resistência, compreensão.
- **Necessidades sociais:** associação, dar ou receber simpatia, amor, afeição.
- **Necessidades do ego:** exibicionismo, agressividade, impulsividade, independência, autonomia.
- **Necessidades de segurança:** evitar danos, necessidade de ordem.
- **Necessidades de poder:** controle.

Embora haja milhões de visões individuais sobre o conceito de motivação, segundo Weinberg e Gould (2001), a maioria das pessoas encaixa seu conceito em uma dessas três orientações:

- **Visão centrada no traço:** defende que o comportamento motivado se dá primeiramente em função de características individuais. A personalidade, as necessidades e os objetivos do aluno, atleta ou participante de exercícios são os determinantes principais do comportamento motivado. No entanto, essa visão não é muito aceita pelos psicólogos do esporte e do exercício por desconsiderar as influências ambientais ou as situações.

- **Visão centrada na situação:** sustenta que a motivação é determinada pela situação. Porém, os psicólogos do esporte e do exercício não recomendam essa visão por ela desconsiderar as características individuais.
- **Visão interacional:** é a visão mais aceita por afirmar que a motivação não resulta somente de fatores relacionados aos indivíduos nem somente de fatores situacionais, mas sim da interação entre esses dois fatores. Esse modelo tem implicações importantes para professores, técnicos, instrutores e administradores de programas.

Segundo Mouly (1993), a qualidade humana mais fundamental é um impulso inato para atingir o limite do próprio desenvolvimento e da autorrealização; as pessoas desejam fazer coisas, desejam ser alguém. O professor precisa lembrar que a satisfação é necessária no desenvolvimento do interesse, assim como o interesse é necessário para promover êxito e satisfação.

Para Mosquera (1977), o conhecimento de certos princípios psicológicos (neste caso a motivação) pode orientar e dirigir as habilidades educacionais. Por meio desse conhecimento da psicologia, o professor pode criar condições flexíveis que afetam até os métodos tradicionais de trabalho que não sejam satisfatórios.

De acordo com Correl *apud* Mosquera (1977), é necessário compreender as necessidades ou motivos do comportamento para se entender o processo de aprendizagem do ser humano. Os motivos apresentados pelo indivíduo ocultam interesses, capacidades e traços característicos da personalidade. Neste estudo, que tem como população específica a terceira idade, os motivos dos indivíduos tendem a ser parecidos, pois as características e habilidades do grupo são, de certa forma, parecidas também. Esses motivos seriam, de acordo com o autor, os propulsores do comportamento dos indivíduos.

Segundo Lorda (2009), entre os fatores de influência para que pessoas em idade avançada se iniciem e se mantenham em programas de exercícios, está o fato de que o desenvolvimento de novas amizades e a obtenção de estímulos das amizades desempenham um papel importante, já que oferecem oportunidade de interação com outros, convertendo-se em fonte de apoio.

Em um estudo realizado por Cruz (2006), idosos pertencentes a um determinado grupo revelaram que, entre os motivos para continuarem realizando atividades físicas, os principais eram de cunho psicológico e social, como, por exemplo: ser bem-atendido pelas pessoas que trabalham lá, os professores serem simpáticos e estarem sempre motivados e alegres. Resultado semelhante foi encontrado no estudo de Okuma (1998), no qual o papel do professor foi claramente explicitado como de grande importância na motivação de muitos alunos para continuar participando de atividades físicas.

Mosquera (1977) também assinala que, para o ensino ser eficaz, deve ter objetivos claros, precisos e plausíveis de serem conseguidos, pois os indivíduos que aprenderam, aprenderam justamente porque seus objetivos ou metas concordaram com seu ritmo de aprendizagem e sua necessidade de aprender.

Para esse processo de motivação, o professor é um elemento-chave, visto que será ele quem ditará para o grupo os objetivos, as metas e o ritmo da aprendizagem. Entre os traços característicos de um professor-motivador, encontra-se a capacidade de demonstrar afeto, paciência, tolerância e interesse pelos alunos.

Okuma (1998) cita que, analisando os modelos de atividades físicas propostos a essa faixa etária, observa-se que o estímulo é quase sempre externo ao indivíduo, numa tentativa de levá-lo a alcançar aquilo que a ciência considera como bom. Em geral, os modelos estabelecem metas a partir de padrões preestabelecidos como níveis mensuráveis de saúde, percentual de peso a ser perdido, eficiência dos órgãos e regiões do corpo. Tais padrões são perseguidos como se formassem o indivíduo em sua totalidade, como se esse indivíduo fosse apenas um coração doente ou um organismo inapto que deve ser melhorado. Assim, os objetivos principais são aqueles que buscam a melhora da saúde, da aptidão física, do controle da obesidade, e assim por diante. Aparentemente, porém, tais objetivos não têm sensibilizado suficientemente as pessoas para levá-las aos programas de atividade física e/ou mantê-las neles. Para a autora, essa análise aponta o fato de que as necessidades reais e pessoais do indivíduo não vêm sendo consideradas suficientemente, o que é um ponto fundamental para comportamentos e atitudes positivas frente à atividade física. Há uma necessidade, então, de o programa adaptar-se à realidade dos praticantes e não à realidade de quem o institui. Faz-se urgentemente necessário uma maior comunicação entre governos, gerontólogos e professores de educação física para que haja investimento eficiente e eficaz em políticas públicas, como, por exemplo, na construção de espaços e equipamentos adequados que incentivam a participação de idosos em atividades físicas.

Segundo Lorda (2009), motivar será a ferramenta que o professor utilizará para conseguir uma boa dinâmica de grupo. O objetivo de um programa de atividades para idosos não será o de buscar a eficiência nem o rendimento do ato motor e sim aspirar ao reencontro com confiança e segurança do corpo; que vivam o movimento como fonte de prazer e o utilizem como meio de comunicação e relação com os demais.

Tipos de motivação

Para Samulski (1995), a motivação caracteriza-se como um processo intencional ativo, dirigido para um objetivo, que pode depender de fatores pessoais (intrínsecos) e ambientais (extrínsecos).

Motivação Extrínseca

A motivação está em fatores externos. Neste caso, o indivíduo pode ser motivado por um prêmio, por um elogio, etc.

Para Weinberg e Gould (2001), os fatores ambientais (extrínsecos) que podem ajudar ou impedir a participação regular em atividades físicas podem ser sociais (família e amigos), do ambiente físico (clima e distância) ou das características da atividade física a ser realizada (intensidade e duração).

Motivação Intrínseca

A motivação se encontra na própria tarefa, sem nenhum motivo externo. O indivíduo é o único responsável pela sua própria motivação. Segundo algumas pesquisas, os indivíduos cujas motivações são intrínsecas têm mais probabilidade de serem mais persistentes.

> *Pessoas com motivação intrínseca esforçam-se interiormente para serem competentes e autodeterminadas em sua busca de dominar a tarefa em questão. Elas apreciam a competição, gostam de ação e ativação, focalizam-se no divertimento e querem aprender o máximo de habilidades possível. Indivíduos que participam por amor ao esporte e ao*

exercício são considerados intrinsecamente motivados, assim como aqueles que jogam por orgulho. (WEINBERG; GOULD, 2001. p. 153)

Segundo Weinberg e Gould (2001), uma das maneiras de se aumentar a motivação intrínseca é dar aos alunos um *feedback* positivo, destacando o desempenho do indivíduo e não o resultado real.

Segundo Sharkey (1998), para assegurar a participação durante a vida toda, o indivíduo deve passar da motivação extrínseca para a intrínseca, tornando-se autossuficiente, independente do instrutor e do local, e desenvolver estratégias para lidar com ameaças à continuidade da participação.

Weiss (1991) comenta que, nos livros sobre autodesenvolvimento, há sempre um minidebate: *Você pode ou não motivar alguém além de si mesmo?* Para este autor, se você define "motivação" como a energia ou o impulso que mobiliza os recursos de uma pessoa para alcançar uma meta, então, a motivação vem de dentro, e neste sentido só você é responsável por essa motivação. Porém, se você define "motivador" como a pessoa que influencia outras, ajuda a alcançar uma meta, fornece incentivos para o sucesso, etc.; nesse sentido, podemos ser motivadores.

Weiss (1991) diz que o motivador deve ter um comportamento positivo e apoio sensato. Ele deve deixar bem claro que espera que todo mundo faça o seu melhor, inclusive ele mesmo. Dizer às pessoas que você espera que elas façam o melhor significa que você as considera capazes, e parte da motivação vem do fato de essa pessoa saber que tem um papel importante e que outros contam com ela.

No entanto, Weinberg e Gould (2001) afirmam que, ao contrário do que possa parecer, a ideia de combinar motivações intrínsecas com motivações extrínsecas não produz mais motivação. Na verdade, muitas vezes, quanto mais o indivíduo for extrinsecamente motivado, menos ele será intrinsecamente motivado. Para estes autores, a motivação é uma variável-chave tanto na aprendizagem como no desempenho em contextos esportivos e de exercício; portanto o professor desempenha o papel fundamental de influenciar a motivação do participante. Sem dúvida, líderes simpáticos e experientes favorecem altas taxas de adesão e, especialmente tratando-se de exercícios físicos para a terceira idade, nos quais muitas pessoas não têm se exercitado regularmente, existe uma tendência de elas se sentirem desconfortáveis em relação à atividade física e sentirem vergonha de seus corpos. Percebe-se a importância do professor ajudá-los a sentirem-se confiantes e encorajados, adaptando as atividades de modo a satisfazer as necessidades e capacidades do grupo.

Segundo Lorda (2009), a forma de motivação mais adequada na prática de atividades físicas para idosos será por meio de movimentos lúdicos e recreativos que potencializem a integração entre os alunos. A própria atitude do professor, o trabalho em duplas, em pequenos grupos, o material variado e a música são elementos que contribuirão para a motivação e capacitarão a dinamização do grupo.

Exemplos de atividades físicas

Nesta parte de nosso estudo, abordaremos alguns exemplos de atividades físicas que podem ser realizadas com idosos.

- Alongamentos e flexionamentos;
- Exercícios aeróbios;
  - Caminhada;
  - Dança;
- Exercícios na água;
- Treinamento de força;
- Atividades esportivas;
- Atividades recreativas.

Alongamentos e flexionamentos

Alongamentos são exercícios que melhoram a amplitude dos movimentos, podendo ser praticados diariamente (Mazo et al., 2004).

Para Dantas *apud* Safons (2007), entende-se por alongamento o trabalho submáximo dos músculos e articulações com o objetivo da manutenção da amplitude articular e para aquecimento e volta à calma de outras modalidades.

De acordo com Spirduso (2005), os exercícios de alongamento são essenciais para a manutenção da amplitude de movimento, sendo muito importantes para indivíduos de meia-idade e idosos.

Para Farinatti (2007), os principais grupos musculares a serem trabalhados, por suas relações com mobilidade, independência funcional e dores na coluna, associam-se a movimentos de ombro, tronco, quadril e tornozelo.

Segundo Farinatti (2007), para que ocorra uma melhora de flexibilidade com o alongamento, esse exercício deverá gerar um ligeiro desconforto e ser sustentado entre 10 e 30 segundos. Este mesmo autor ressalta que, quando o objetivo for trabalhar a flexibilidade de maneira genérica, usualmente são incluídos de 8 a 10 exercícios, nos quais cada exercício pode ser trabalhado de 3 a 5 vezes, em uma frequência semanal de treinamento que varia de 3 a 5 vezes, de acordo com o grau de condicionamento do idoso e dos objetivos buscados.

Os alongamentos são exercícios de fácil execução, podendo ser feitos praticamente a qualquer hora, sempre que o indivíduo sentir necessidade. Devem englobar todos os grupos musculares e, se forem utilizados na preparação para atividades físicas, devem ter ênfase na musculatura que será usada na atividade a ser realizada. Antes do alongamento, porém, é indicado o aquecimento das principais articulações, elevando-se a intensidade gradativamente, a fim de aumentar a frequência cardíaca e diminuir a viscosidade do líquido sinovial, preparando o corpo para atividades mais intensas e evitando a produção excessiva de radicais livres, principais causadores do envelhecimento.

Para Safons (2007), a intensidade para alongamento deve ser Borg até 2 (fraco), duração de 10 minutos com repetições de

1 a 5 por exercício numa frequência de 2 e máximo de 5 aulas por semana e tempo de repouso igual ou o dobro do tempo de permanência em cada articulação.

Flexionamento, de acordo com Dantas *apud* Safons (2007), é o trabalho máximo dos músculos e articulações, visando ao incremento da amplitude articular. Esta é a técnica que se utiliza em trabalhos específicos de flexibilidade. Essas técnicas podem ser dinâmicas (com exercícios que usam a inércia para levar o segmento corporal a um alongamento intenso, que vai além do arco articular) ou estáticas (com movimentos suaves e permanência para levar o segmento corporal a um alongamento intenso, que vai além do arco articular.

Segundo Safons (2007), para flexionamento a intensidade deve ser Borg de 3 a 6 (sem dor ou desconforto), duração de 50 minutos (10 aquecimento – 30 flexionamento – 10 volta à calma) com repetições de 1 a 5 por exercício numa frequência de 2 e máximo de 5 aulas por semana e tempo de repouso igual ou o dobro do tempo de permanência em cada articulação. A partir do valor 7 na percepção relatada, surge o risco de lesão por sobrecarga articular.

Na prática

Exercícios de alongamento têm poucas variações, por isso o professor pode quebrar a rotina variando a forma de aplicá-los, utilizando-se de materiais auxiliares como: cordas, elásticos, bastões, bola suíça, colchonetes, etc.; variando quanto à posição: em pé, sentado, deitado e quanto ao número: individual, em duplas, trios. Também pode utilizar-se do espaço físico e seus objetos para estimular os idosos a alongarem-se mesmo em casa, apoiando-se em mesas, cadeiras, paredes.

Lembre-se: as diferenças de materiais, posição, número e objetos do espaço físico alteram a intensidade do exercício, não sendo recomendados para iniciantes.

No caso de alongamento sentado é importante ressaltar a boa postura e, se algum idoso tiver dificuldades nesse sentido, orientá-lo a fazer o exercício encostado numa parede e, se for o caso (um aluno com cifose, por exemplo), deve utilizar um travesseiro como apoio para as costas. No caso de alongamento deitado, é importante ressaltar que os idosos devem se posicionar corretamente no colchonete, não deixando a cabeça em desnível (como muitas vezes acontece, principalmente com iniciantes). Em ambas as ocasiões orientar também para que não se levantem bruscamente, pois isso pode gerar hipotensão postural (diminuição rápida da pressão arterial sistólica ou diastólica acompanhada de diminuição da irrigação sanguínea cerebral) levando a tonturas, vertigens, fraqueza e desmaio.

Exercícios aeróbios

Para Weinberg e Gould (2001), o exercício aeróbio é a atividade física que aumenta a atividade dos sistemas pulmonar e cardiovascular, e, durante os exercícios aeróbios, o corpo utiliza e transporta oxigênio para os músculos exercitados, com a função de manter a atividade.

De acordo com Marins e Giannichi (2003), a escolha de um tipo de exercício que estimule grandes massas musculares, durante longo período de tempo e que seja realizado de forma aeróbia desenvolve de maneira adequada o componente cardiorrespiratório. Para os autores, esse tipo de exercício deve também ser privilegiado caso o objetivo seja de emagrecimento.

Segundo Okuma (1998), as atividades aeróbias melhoram a função cardiovascular, tanto em jovens quanto em idosos. Além disso, apesar de não serem tão claras para idosos quanto para adultos de meia-idade, as evidências sugerem que idosos fisicamente ativos têm pressão arterial menor que os inativos, e são os exercícios aeróbios que os levam a essas mudanças em indivíduos com hipertensão leve e moderada.

De acordo com Mazo *et al.* (2004), para desenvolver a resistência aeróbia, é necessária a execução de exercícios aeróbios de média a longa duração (mínimo de 10 minutos), com intensidade entre moderada e vigorosa e de caráter dinâmico e rítmico.

Para o ACSM *apud* Weinberg e Gould (2001), a sugestão para que a maioria dos adultos saudáveis alcance os benefícios cardiovasculares do exercício é de que este deve ter duração de pelo menos 20 a 30 minutos[4], frequência de 3 a 5 vezes por semana e intensidade de 60 a 90% da frequência cardíaca máxima. No entanto, alguns indivíduos poderiam melhorar suas capacidades aeróbias com intensidades abaixo de 50% da capacidade cardíaca máxima.

Safons (2007) sugere uma intensidade entre 40 a 80% da FC máx. ou Esforço Percebido de 3 a 6 na escala CR10 de Borg, sendo 40% para idosos em reabilitação cardíaca ou sedentários em início de treinamento em sessões com duração inferior a 20 minutos, subindo gradualmente para 50 a 60% para idosos ativos em sessões com 30 a 60 minutos e 70% para atletas, com repouso mínimo de 6 a 24 horas entre as sessões de treinamento.

Para Farinatti (2007), em geral, as pesquisas situam os ganhos de potência aeróbia para idosos entre os 10 e os 20%;

---

4. Pode ser dividida em 3 vezes de 10 minutos ao longo do dia para pessoas extremamente sedentárias ou de muita baixa capacidade física (Marins e Giannichi, 2003).

porém, melhoras de até 40% do VO$_2$máx. já foram comunicadas. Ainda, segundo este autor, devido ao fato de a regulação térmica tornar-se menos eficiente com a idade, isso deve repercutir sobre pausas, reidratação e intensidade relativa do esforço durante as sessões, lembrando que a sobrecarga cardiovascular é influenciada pela capacidade de se dissipar calor.

Exercícios aeróbicos também aumentam a liberação de endorfina no organismo – substância que causa sensação de prazer e bem-estar no indivíduo, ajudando a afastar a depressão.

À medida que os exercícios se tornam parte da nossa rotina, vamos melhorando nosso condicionamento físico e nosso organismo passa a utilizar o oxigênio mais precocemente e com mais eficácia, aumentando nossa capacidade cardiorrespiratória e prevenindo ou melhorando sintomas de doenças pulmonares e cardiovasculares.

Na prática

Além do envelhecimento por si só acarretar a diminuição da quantidade total de água no organismo e diminuição da sensação de sede (alguns idosos não percebem que estão com sede e não bebem água), o fato de muitos idosos também fazerem uso de diuréticos para controle de doenças cardiovasculares aumenta o risco de desidratação. É preciso que o professor reforce sempre o hábito da reidratação durante e após as atividades, incentivando os alunos a levarem suas garrafinhas de água nas aulas.

Inicialmente as atividades devem ser feitas sem acessórios, utilizando-se somente o peso do corpo como resistência e, conforme o condicionamento da turma for melhorando, o professor pode aumentar gradativamente a intensidade, utilizando objetos como: balões (bexigas), bastão (material alternativo: cabo de vassoura), bola de borracha, arco, fitas, lenços e *step*. Também pode agregar temas diferentes como ginástica maluca e matroginástica para inovar e não deixar a atividade cair na rotina.

Exemplos de exercícios aeróbios:

- Ginástica Aeróbica;
- Caminhada;
- Tai Chi Chuan;
- Dança;
- Natação/hidroginástica.

Caminhada

Por ser a caminhada um exercício fácil e bastante recomendada pelos médicos, para qualquer indivíduo, vamos dedicar um pouco mais de espaço a ela.

A caminhada é o exercício aeróbico de execução mais fácil e segura, pois, praticamente, todas as pessoas podem caminhar, sem que seja necessário nenhum equipamento ou habilidade especial. Além disso, a caminhada pode ser iniciada com tempo, velocidade e distância percorrida de acordo com o nível de aptidão física de cada indivíduo, permitindo que pessoas sedentárias, obesas, com doenças crônico-degenerativas ou em período de reabilitação possam começar o seu programa de exercícios com cargas leves e progredir lentamente, até atingir a intensidade ideal de treinamento.

Outra vantagem é que ela pode ser realizada em praticamente qualquer lugar: na rua, nos parques, na praia, no campo, em pistas de atletismo, ginásios esportivos e até mesmo dentro de casa, se a pessoa possuir uma esteira. Porém, segundo Mazo et al. (2004), como toda atividade aeróbia, é importante que a caminhada se prolongue por 30 minutos ou mais, com regularidade de 3 a 5 vezes por semana, para promover uma melhora no condicionamento físico e na saúde.

A intensidade do exercício deve ser sempre individualizada às particularidades de cada um, pois um mesmo exercício pode ser leve para indivíduos com boa aptidão física ou pesado para indivíduos sedentários ou com baixa aptidão. Também pelo fato de carregarmos o peso do nosso próprio corpo durante a caminhada, um mesmo percurso terá intensidades diferentes de acordo com o peso corporal de cada indivíduo.

Entre os inúmeros benefícios da caminhada, podemos destacar:

- Melhoria no condicionamento físico (após alguns dias de atividade regular, o organismo começa a utilizar o oxigênio mais precocemente e com mais eficácia);
- Emagrecimento (há aumento do gasto energético durante o exercício);
- Melhoria na circulação e prevenção contra doenças cardiorrespiratórias (durante a caminhada o fluxo sanguíneo aumenta, vasos, artérias e veias se dilatam e a pressão diminui, melhorando a circulação e a oxigenação do corpo);
- Melhoria nos pulmões (esse exercício facilita as trocas gasosas que ocorrem nos pulmões e ajuda a dilatar os brônquios, prevenindo ou melhorando doenças como a bronquite);
- Prevenção ou melhora da osteoporose (o impacto causado pelo contato dos pés com o chão durante a caminhada tem efeito benéfico nos ossos, facilitando a absorção de cálcio);
- Prevenção e melhoria do diabetes (durante a caminhada o fígado e o pâncreas são estimulados devido a maior circulação de sangue nos órgãos e produzem insulina em maior quantidade, acarretando uma melhor absorção da glicose pelo organismo);

- Sensação de bem-estar e diminuição da depressão (durante o exercício nosso corpo libera uma quantidade maior de endorfina, substância que causa sensação de prazer e bem-estar).

Dança

Assim como a caminhada é o exercício de mais fácil execução, a dança é, sem dúvida, uma das atividades mais motivadoras para a terceira idade. Basta notar o grande número de bailes destinados para essa faixa etária que são realizados diariamente em clubes e associações e veremos que os idosos adoram dançar.

Segundo Mazo *et al.* (2004), a dança é uma manifestação artística e uma forma de comunicação que se faz a partir do próprio corpo humano, nas suas interações com o ambiente. Ela também representa o "estado de espírito", as emoções e expressões entre as pessoas, desenvolvendo habilidades de movimentos e exercendo possibilidades de autoconhecimento. Para as autoras, a dança, como toda arte, é expressiva e comunicativa, e por isto consegue ser uma atividade prazerosa e de grande interesse por parte dos idosos. Por meio dela, pode-se transformar sensações e pensamentos em movimentos que se comunicam.

Entre os inúmeros benefícios da dança, podemos destacar:

- Melhora do ritmo, da coordenação motora e da capacidade cardiorrespiratória.
- Fortalecimento do tônus muscular;
- Maior conhecimento corporal, melhoria da autoestima e autoimagem.
- Desenvolvimento da memória, atenção, concentração;
- Aumento das relações e contatos sociais;

- Diminuição do estresse e da depressão;
- Estímulos visuais e auditivos das coreografias e músicas;
- Resgate cultural, conhecimento de outras culturas;
- Harmonia entre corpo-mente-espírito;
- Vivência da arte, do lúdico e do belo.

Existem várias modalidades de dança que podem ser desenvolvidas com os idosos, entre elas destacamos a dança de salão, dança circular e dança sênior.

- **Dança de salão:** é a mais conhecida e praticada das modalidades e inclui ritmos como: tango, bolero, forró, xote, samba, valsa, salsa, *rock*, chá-chá-chá, etc. Normalmente é dançada em pares em bailes e reuniões sociais. Tem seus passos básicos preestabelecidos, exigindo certa dedicação e disciplina dos participantes.

- **Dança circular:** reúne danças de roda de vários países (cirandas, danças indígenas, africanas, gregas, escocesas, celtas, russas, ciganas) e são utilizadas para melhorar a qualidade de vida das pessoas. Sua maior característica é a universalidade, pois seu repertório abrange danças de todos os lugares e de todas as épocas. Suas coreografias se constituem em fenômenos cíclicos: os passos são agrupados em sequências que se repetem no decorrer de toda a música. A forma de círculo simboliza a perfeição e a plenitude que o ser humano busca atingir. É inclusivo: estando nele, fazemos parte; não existe pior nem melhor, somos iguais. Todas as pessoas que nele se encontram voltadas para o centro têm a visão de todos os demais da roda, e são igualmente importantes (KNAPIK, 2009).

- **Dança sênior:** apesar de não ser ainda uma modalidade tão conhecida, é uma das melhores atividades a serem realizadas com idosos, pois não exige conhecimentos prévios nem grandes habilidades motoras. Segundo Mazo *et al.* (2004), foi criada na Alemanha na década de 1970 e chegou ao Brasil em 1978, mas só agora está sendo popularizada. Seu grande trunfo é poder ser realizada por pessoas de qualquer faixa etária, sem contraindicações, bem como por pessoas com dificuldade de locomoção, haja vista que várias coreografias podem ser feitas em posição sentada.

Exercícios na água

Pode-se optar pela realização do exercício físico na água. Segundo Caromano *et al.* (2003), a imersão na água provoca alterações no sistema cardiovascular, o que, entre outros benefícios, melhora o retorno venoso e exige um trabalho maior do aparelho respiratório, aumentando a capacidade cardiorrespiratória.

Dentro da água, o indivíduo tem uma sensação de redução no peso, o que reduz a tensão nas articulações. De acordo com Mazo *et al.* (2004), um indivíduo submerso até a altura dos ombros, por exemplo, experimenta uma perda aparente de 90% do seu peso normal. Com isso, os exercícios realizados dentro da água causam menos impacto nas articulações e são desenvolvidos com maior facilidade, aumentando o rendimento e possibilitando a prática de atividade por um período de tempo maior, auxiliando, inclusive, a prática de exercícios para obesos, que fora da água teriam dificuldade em sustentar-se.

Segundo diversos autores (Begin *et al.*, 1976; Epstein *et al.*, 1976; Watenpaugh *et al.*, 2000; *apud* Alberton, 2003), a imersão na água induz várias modificações no sistema cardiovascular: facilita o retorno venoso, aumenta a vasodilatação e diminui a frequência cardíaca. Assim, a água se torna um ambiente seguro para a prática de exercícios de indivíduos com problemas cardivasculares, como os hipertensos e os cardiopatas, doenças comumente encontradas em idosos.

De acordo com Mazo et al. (2004), sugere-se a temperatura da água por volta dos 31°C.

Na prática

O professor que trabalha com o público idoso em piscinas deve estar sempre atento à segurança dos alunos, dentro e fora da água. Dentro, deve certificar-se de que todos os alunos estejam com a água no máximo na altura do peito, com os pés firmes no chão e que se sintam seguros e confiantes para a prática da atividade. Por causa da sensação de facilidade na realização do exercício que a água traz, é necessário advertir os alunos para que não se "empolguem" demais e acabem exagerando na intensidade das atividades, sobrecarregando os músculos e o sistema cardiorrespiratório.

Além disso, os alunos não devem realizar refeições pesadas antes das aulas nem se exercitar em jejum. O ideal é uma refeição moderada, cerca de uma hora antes, com carboidratos, fibras e proteínas. Todos devem usar roupas adequadas (maiô ou sunga) e touca, itens essenciais para higiene e segurança. Para minimizar o risco de quedas, sugere-se também o uso de meias antiderrapantes especiais para hidroginástica. É importante ressaltar aos alunos que entrem na piscina e saiam dela pela escada, evitando sair ou entrar por outros locais. Fora da água, deve-se evitar ficar andando ou correndo em volta da piscina.

A princípio, as atividades devem ser feitas sem acessórios e, conforme a turma for melhorando seu condicionamento e aprendendo a controlar seus limites e executar os movimentos corretamente, o professor pode aumentar gradativamente a intensidade do exercício, utilizando-se de diversos materiais como: bola de borracha, hidro *step*, colete flutuante, halteres e caneleiras para hidro, *aqua hands*, luva, espaguete, flutuador de perna, pranchas ou materiais alternativos como garrafa *pet* e tampa de caixa de isopor.

Treinamento de força

Para os idosos, o treinamento de força tem um significado muito importante, pois estimula o ganho de força, numa etapa da vida em que o organismo sofre com uma série de perdas.

Segundo Carvalho e Soares (2004), a fraqueza muscular contribui para alterações na mobilidade e na autonomia, aumentando o risco de quedas e fraturas nos idosos, e níveis moderados de força são necessários para a realização de tarefas diárias como carregar sacolas, levantar-se de cadeiras, subir escadas, etc., ou seja, o treinamento de força se torna cada vez mais importante com o avanço da idade. De acordo com as mesmas autoras, os treinos de força aumentam não só essa capacidade física, mas também a coordenação neuromuscular e a potência, podendo diminuir significativamente o risco de quedas e aumentar a independência funcional. O treinamento com pesos, segundo Carvalho e Soares (2004), também estimula o aumento da densidade mineral óssea, sendo ideal para prevenir doenças musculoesqueléticas como a osteoporose, doença comum entre as mulheres na pós-menopausa, mas que também atinge os homens.

Um estudo realizado por Fiatarone *apud* Spirduso (2005), com indivíduos de idades entre 86 e 96 anos, muito debilitados, que viviam em instituições para cuidados de pacientes de longa permanência, obteve resultados extraordinários. Exercitando apenas um grupo muscular (os extensores do joelho), executando 3 séries de 8 extensões do joelho a 80% de sua força máxima, os ganhos foram de 174% de aumento de força na perna direita e de

180% na perna esquerda. Após participarem desse estudo, dois indivíduos conseguiram eliminar o uso de bengalas para caminhar e um de três sujeitos, que antes não conseguia levantar-se de uma cadeira sem usar os braços, conseguiu fazê-lo.

Fleck *apud* Okuma (1998) ressalta, entretanto, a existência do mito de que o treinamento de força causa hipertensão, destacando que nos dados disponíveis atualmente sobre o efeito do treinamento de força em idosos as conclusões obtidas são seguras. Aconselha-se alternar o grupo muscular e possibilitar intervalos entre as séries que permitam a recuperação completa, para que os esforços sejam realizados com menor sobrecarga cardiovascular.

No caso de pacientes hipertensos, o ACSM *apud* Spirduso (2005) desaconselha o exercício resistido de alta intensidade, estabelecendo que o levantamento de peso deve ser prescrito, utilizando-se baixas resistências (pesos) e altas repetições.

Segundo Mazo *et al.* (2004), o treinamento de força pode ser realizado com a utilização de aparelhos, pesos livres ou apenas a resistência do peso do próprio corpo do indivíduo, se ele não for forte o suficiente.

Para o trabalho de *força* com idosos, sugere-se um número de exercícios entre 8 e 12 cargas submáximas, com repetições submáximas (entre 10 e 12), evitando séries sucessivas para um mesmo grupo muscular (iniciar com 1 e progredir até 3), bem como promover intervalos de recuperação adequados ao número de séries dos exercícios; a resistência utilizada pode variar entre 50 e 80-90% de uma 1RM (Farinatti, 2007).

Segundo Leite (2000), o peso utilizado em exercícios para melhora da força não deve ser maior que 20% do peso corporal do idoso, e deve ser adequado para que as repetições sejam feitas na mais completa amplitude de movimento.

Para o ACSM *apud* Pereira e Gomes (2003), recomenda-se o treinamento de *resistência muscular* para adultos e idosos de pelo menos uma série de 8 a 10 exercícios para os principais grupamentos musculares, com frequência de 2 a 3 vezes por semana, com cada exercício devendo ser executado com 8 a 12 repetições, e para os idosos mais frágeis 10 a 15 repetições com cargas mais baixas seriam mais apropriadas.

Carvalho e Soares (2004) citam que diversos estudos têm demonstrado que treinos adequados para idosos promovem ganhos de força similares ou até mesmo maiores que os encontrados em jovens. Estudos utilizando Tomografia Axial Computadorizada (TAC) têm demonstrado também que o treino de força intenso resulta em uma hipertrofia muscular significativa, mesmo em sujeitos com idades entre os 86 e 98 anos.

Spirduso (2005) afirma que as melhoras relacionadas à força podem ocorrer relativamente rápido, dentro de dois meses, já sendo possível, então, observar mudanças na forma e no tônus dos músculos no corpo, proporcionando uma sensação psicológica de realização para os idosos.

Na prática

Caso os idosos sejam muito debilitados, o professor deve iniciar um treinamento de força e resistência, valendo-se do próprio peso corporal do aluno (realizando o exercício de forma lenta, para que haja maior resistência), passando depois para o uso de alguns materiais como bola de borracha e elástico e evoluindo posteriormente para caneleiras e halteres. Uma boa maneira de iniciar exercícios de força com idosos mais debilitados é fazendo o treinamento sentado em uma cadeira. Há uma ampla variedade de exercícios que podem ser feitos dessa maneira, tanto para membros superiores quanto para inferiores (ex.: extensor de perna, adutor, abdutor, bíceps, tríceps, peitoral, ombro...)

Caso o grupo não disponha de recursos, o professor pode estimular os alunos a produzirem materiais alternativos como um bastão feito de cabo de vassoura, halteres feitos com garrafas *pet* cheias de água ou areia, elásticos feitos com borracha de câmera de pneu cortada em tiras ou também podem ser utilizadas como carga objetos que fazem parte da vida diária dos idosos como, por exemplo, uma sacola de compras. Também se pode realizar os exercícios em máquinas (sala de musculação).

Observa-se que, em exercícios de força e resistência, os idosos (principalmente os iniciantes) tendem a prender a respiração durante o exercício (ato conhecido como Manobra de Valsalva). É de extrema importância que o professor esteja sempre alertando os alunos para ficarem atentos à sua respiração, pois esta apneia aumenta a pressão intratorácica, intracraniana e arterial. Como regra geral, durante os exercícios, os praticantes devem expirar ao levantar a carga e inspirar ao abaixar.

Atividades esportivas

As atividades esportivas são recomendadas para qualquer indivíduo independentemente da idade. No entanto, ainda é bastante reduzido o número de idosos que praticam algum esporte, e, para Mazo *et al.* (2004), a maioria que participa nas categorias máster, são aqueles que já praticavam esportes na juventude e na idade adulta.

Segundo Lorda (2009), salvo algumas exceções, os idosos de hoje não tiveram a oportunidade de realizar práticas esportivas ou ginástica de maneira organizada e isso faz com que a maioria deles sinta insegurança diante das propostas de trabalho por medo do risco de acidentes, medo do ridículo, ou de não ser capaz de realizar a atividade satisfatoriamente. Por isso, as propostas de trabalho devem ser conduzidas de modo a dar confiança e segurança ao grupo.

Para Mazo *et al.* (2004), muitos podem ser os objetivos de quem pratica esporte, como: promoção da saúde, rendimento ou meramente lazer e distração (lúdico), de forma adaptada ou não, por isso é importante que o professor esteja atento ao objetivo dos alunos.

Tratando-se da competição gerada pelos jogos, Mazo e outros (2004) citam que algumas propostas, buscando amenizar essa condição, levam o esporte como promoção de saúde e participação, tentando suavizar os valores disseminados pelo esporte de alto rendimento, buscando motivar o maior número de participantes e possibilitando uma convivência saudável e educacional. Entretanto, os idosos têm o direito de participar de atividades competitivas, desde que seus limites sejam respeitados, além de seus interesses e necessidades.

Na prática

Ao desenvolver atividades esportivas com idosos, o professor deve estar atento a situações de competitividade exagerada que possam surgir. Nesse aspecto, deve-se conscientizar os participantes da importância da participação de todos, da competitividade sadia, da confraternização e da integração nos jogos. Deve-se explicar as regras com clareza e objetividade para que não haja dúvidas ou desconhecimento destas.

O professor deve também levar em conta as condições climáticas e ser um mediador da intensidade dos esportes, adaptando-os e adequando-os às necessidades individuais de cada grupo.

Atividades recreativas

A recreação, para Cavallari e Zacharias (1998), é uma atividade de lazer, sem regras e sem compromisso, na qual não deve haver competitividade e exigências de *performance*. É o momento que o indivíduo escolhe espontaneamente, em que ele satisfaz seus anseios voltados ao lazer. Para estes autores, alguns fatores devem ser levados em conta, como, por exemplo: que não haja muita informação e que esta não seja complicada, longa ou duvidosa; prever problemas de equilíbrio; evitar a fadiga; evitar mudanças rápidas de posição, posições suspensas ou ficar em pé muito tempo; evitar apneias e extensões musculares forçadas.

As atividades realizadas para idosos devem ter também o objetivo de estimular a ludicidade, socialização, integração, diversão e liberdade de expressão.

Segundo Moragas (1997), quanto mais integrado for o lazer do idoso, mais normal será seu *status* na sociedade, e seu papel, menos diferenciado.

Para Mazo *et al.* (2004), existem várias maneiras de promover a recreação ao idoso, bastando apenas o profissional ser criativo e elaborar atividades que favoreçam a obtenção de prazer e satisfação pessoal.

De acordo com Lorda (2009), a atividade físico-recreativa é identificada constantemente como uma das intervenções de saúde mais significativas na vida das pessoas de idade avançada.

Atividades recreativas podem ser:

- Atividades com música;
- Atividades com bexigas, bolas, etc.;
- Dinâmicas;
- Mímicas, teatros;
- Expressão corporal;

- Jogos recreativos;
- Festas temáticas;
- Bailes;
- Passeios, piqueniques etc.

Na prática

A recreação engloba quase todos os tipos de atividade, bastando ao professor adaptá-las a suas necessidades e intenções. No entanto, percebe-se que alguns idosos tendem a ser receosos quanto às atividades recreativas por seu alto grau de extroversão e espontaneidade. A tarefa do professor será ajudar seus alunos a romper as barreiras da timidez e do preconceito.

Ao trabalhar com recreação, justamente por seu alto grau de ludicidade, pode-se cair no erro de infantilizar demais as atividades, por isso é importante lembrar sempre que estamos trabalhando com idosos e não com crianças, evitando atividades muito infantis.

O professor pode e deve deixar que os alunos sugiram atividades, festas, etc., agindo como facilitador e mediador, incentivando a autonomia de ação e a independência dos indivíduos.

Alguns benefícios da atividade física regular

- Melhoria na qualidade de vida e bem-estar;
- Prevenção do declínio cognitivo;
- Sentimento de ganho e satisfação de vida;
- Melhora na atenção, concentração, memória e raciocínio;
- Aumento da autoestima e autoconceito;
- Diminuição da ansiedade e depressão;
- Aumento da mobilidade/funcionalidade para as AVDs e AIVDs;
- Manutenção da autonomia e independência;
- Diminuição das quedas e fraturas;
- Estimulação do sistema imunológico;
- Diminuição da atrofia muscular e retardamento da perda de força;
- Diminuição de patologias cardiovasculares (PA diminui), metabólicas (diminui obesidade, glicose) e psicossomáticas (depressão) e osteoporose;
- Diminuição de medicamentos prescritos;
- Aumento dos contatos sociais, ocupação do tempo livre;
- Maior longevidade;
- Inúmeros outros benefícios biopsicossociais.

Barreiras à prática de atividade física

- Insegurança dos idosos;
- Cultural e educacional;
- Falta de hábito;
- Falta de oferta e locais apropriados;
- Falta de recomendação médica, etc.

Por isso, cada vez mais é necessário educar os idosos a terem uma vida mais ativa, realçando os benefícios da atividade física e os alertando contra os perigos do sedentarismo.

Criar atividades que propiciem bem-estar, que sejam gratificantes, utilitárias, recreativas, adaptadas (individualizadas), de fácil realização, integradora, socializadora de maneira a tornar a atividade física parte integrante dos hábitos de vida.

Segunda Parte

PRÁTICA

Introdução

Depois de termos visto a teoria para um bom trabalho de educação física direcionado para a terceira idade, vejamos alguns exemplos de atividades especialmente selecionadas para essa faixa etária, de acordo com a experiência profissional da autora[5] na prática de atividades físicas para idosos. Lembramos que algumas atividades aqui descritas, por serem de conhecimento popular, são encontradas em diversas fontes e foram adaptadas ou reformuladas para favorecer o público-alvo e que os profissionais que forem utilizá-las devem também adaptá-las aos seus grupos, de modo a incluir todos os seus alunos.

As atividades serão divididas a partir de suas características principais (socialização e integração, cognição, consciência corporal, esportivas, recreativas, estafetas, jogos aquáticos, passeios e festas temáticas), de modo que fique mais fácil para o leitor incluí-las nas suas aulas. Cabe ressaltar que uma mesma atividade pode ser realizada para diversos fins, não estando atada a nenhum objetivo exclusivo.

---

5. Todas as atividades aqui descritas foram aprendidas pela autora nos mais diversos lugares e desenvolvidas em seus grupos de terceira idade.

Lembre-se: antes de toda atividade física, deve-se realizar aquecimento para preparar as articulações para o movimento e, se for o caso, também um alongamento para maior amplitude de movimento dos participantes. No fim, deixe sempre que os idosos exponham suas opiniões e sensações em relação às atividades e, caso necessário, deve-se realizar novamente o alongamento, com o objetivo de relaxar a musculatura e evitar dores musculares tardias. Os alunos devem estar aptos para realizarem as atividades por meio de atestado médico e avaliação do professor.

Estrutura das atividades

- **Nome:** na maioria das vezes, o nome da dinâmica aponta para sua característica principal, facilitando sua identificação.
- **Materiais:** objetos necessários para realização da atividade.
- **Desenvolvimento:** explica a posição em que a atividade é realizada (em pé ou sentado), como os participantes devem estar divididos (individual, duplas, trios, equipes), como devem estar distribuídos no espaço (em círculo, em fila, etc.) e como a atividade deve ser realizada e finalizada.
- **Exemplos:** algumas atividades contêm exemplos para facilitar sua compreensão ou realização.
- **Observações:** algumas atividades requerem atenção especial do professor em certos aspectos e estes serão apontados como observações.
- **Variações:** algumas atividades, embora conservem a mesma essência, têm diferentes formas de serem realizadas, sendo consideradas variantes.

1.

Socialização e integração

Ao iniciar ou reiniciar atividades com idosos, é importante promover entre o grupo a socialização e a integração, tomando como princípio que os participantes ainda não se conhecem ou que pode haver membros novos no grupo. Jogos e dinâmicas de socialização servem para *"quebrar o gelo"* e levam a um vínculo maior de amizade, pois se passa a conhecer quem é o outro, seus gostos e suas características.

1.1. Olha a bola

➲ **Materiais:** um crachá para cada participante, canetas e uma bola de plástico.

➲ **Desenvolvimento:** o professor faz uma breve introdução falando da importância de conhecermos os colegas pelo nome e, em seguida, distribui a cada participante um crachá e uma caneta pedindo para que ele escreva seu nome e também uma qualidade que possui, começando com a primeira letra de seu nome, por exemplo: Amanda Amorosa, Igor Inteligente. O professor deve auxiliar caso algum idoso tenha dificuldades com a escrita. Quando todos terminarem essa primeira parte, formam um círculo em pé (se houver cadeirantes podem ficar sentados e participar normalmente) e um de cada vez se apresenta falando seu nome e sua qualidade. Todos deverão ficar atentos à apresentação dos colegas.

Após a apresentação, o professor entrega a bola para um dos participantes e pede que ele a jogue para alguém, dizendo o nome dessa pessoa. A pessoa que receber a bola continua o jogo, dizendo o nome de outro participante e jogando a bola para ele, e assim sucessivamente.

➲ **Observações:** se houver dificuldade em achar qualidades para nomes com iniciais difíceis como W, K e Y, podem ser utilizadas qualidades com a segunda letra do nome.

1.2. Bingo da amizade

➲ **Materiais:** mesas, cadeiras, papel e canetas para os participantes.

➲ **Desenvolvimento:** cada participante receberá um papel e uma caneta na qual deverá fazer dois traços paralelos na horizontal e dois traços paralelos na vertical, distantes cerca de 5 centímetros um do outro, deixando a folha dividida em nove partes. Em seguida, deverão escolher para si um nome composto por seu apelido, mais seu prato preferido. O professor deve anotar todos esses nomes e separá-los em pequenos papéis para posteriormente fazer um sorteio.

Depois de escolherem seus nomes, os participantes se levantam e, ao comando do professor, saem para cumprimentar seus colegas com um aperto de mão ou um abraço, dizendo seu nome escolhido e anotando o nome do colega em um dos nove espaços do papel.

Quando todos tiverem preenchido os nove espaços, terão feito suas cartelas e poderão sentar-se e iniciar o bingo. O professor explica que os nomes serão sorteados um a um e quem tiver aquele nome em sua cartela deverá marcar com a caneta um X em cima dele, vencendo aquele que primeiro marcar todos os nomes.

➲ Exemplos:

Maria Feijoada	Pedro Bife	João Macarrão
Célia Salada	Teresinha Lasanha	Sueli Risoto
Arlete Purê	Vítor Churrasco	Nelson Dobradinha

➲ **Observações:** o professor pode preparar um prêmio para o vencedor (por exemplo, um chocolate) e outros prêmios de consolação para todos que participaram (por exemplo, balas).

1.3. Jogo da vida

➲ **Materiais:** cadeiras, fichas com perguntas (uma para cada participante).

➲ **Desenvolvimento:** os alunos devem estar sentados em círculo. O professor então fará o sorteio das fichas entre os participantes. Estando cada um de posse de sua ficha, os idosos devem lê-la e pensar na resposta. As duas primeiras perguntas serão iguais para todos e a terceira será diferente. Em seguida, um de cada vez lê suas perguntas e as responde para o grupo.

➲ **Exemplos:**

Ficha 1:	a) adoro:	b) não gosto:	c) meu maior sonho é...
Ficha 2:	a) adoro:	b) não gosto:	c) minha comida favorita é...
Ficha 3:	a) adoro:	b) não gosto:	c) a primeira coisa que faço ao acordar é...

➲ **Observações:** se algum aluno tiver dificuldade para ler, o professor deve ajudá-lo ou incentivar que seus colegas mais próximos o ajudem.

1.4. Cara-metade

➲ **Materiais:** duas caixas e figuras cortadas ao meio (uma metade em cada caixa).

◯ **Desenvolvimento:** os participantes devem ser divididos em duas equipes. Cada equipe terá sua caixa e, assim que o professor der o comando, cada um escolherá uma figura de dentro da caixa. Assim que estiverem com suas figuras, todos devem sair em busca da metade que a completa (que estará com alguém da outra equipe). Quando encontrarem essa metade, devem sentar-se com seu parceiro e conversar por cinco minutos a fim de se conhecerem melhor. No fim, cada um falará um pouco de seu colega.

◯ **Observações:** é uma atividade interessante de socialização, pois permite que os participantes conheçam pessoas diferentes, evitando as "panelinhas".

1.5. Um feijão por um sim ou não

◯ **Materiais:** grãos de feijão, aparelho de som, música animada.

◯ **Desenvolvimento:** no início da brincadeira, cada participante receberá três grãos de feijão. Enquanto toca uma música, os participantes devem passear aleatoriamente por um local predeterminado. Quando a música parar, deverão iniciar um diálogo com o colega mais próximo, tentando fazê-lo dizer as palavras *sim* ou *não*. Se isso ocorrer, aquele que disse *sim* ou *não* deverá dar um feijão a quem conseguir fazê-lo dizer tais palavras. Reinicia-se a música e realiza-se todo o processo novamente. O jogo prossegue enquanto houver motivação ou quando a maioria dos participantes estiver sem feijão. O vencedor será aquele que terminar com mais feijões.

◯ **Variações:** uma variação para essa brincadeira é usar cartas simbolizando notas de 1 dólar e, quando a música parar, ir ao encontro do colega mais próximo e fazer caretas para tentar fazê-lo rir. Quem rir primeiro deve pagar 1 dólar ao seu adversário. Vence quem tiver mais dólares no final.

1.6. **Dança do contato**

⮕ **Materiais:** aparelho de som e músicas animadas.

⮕ **Desenvolvimento:** os participantes devem ser divididos em pequenos grupos de 5 a 8 pessoas. Em pé, cada pequeno grupo fará uma roda e, de acordo com os comandos dados pelo professor, todos deverão dançar juntos, mantendo contato com determinadas partes do corpo.

⮕ **Exemplos:** manter contato com as mãos, ombros, cabeça, cotovelo, quadril, costas, joelho, pés, etc.

⮕ **Variações:** a atividade também pode ser realizada com os participantes espalhados aleatória e individualmente pelo espaço e, ao comando do professor, devem procurar um par e dançar mantendo contato com determinadas partes do corpo (ex.: ombros); em seguida, separam-se e, no próximo comando devem procurar outro par e manter contato com outra parte do corpo (ex.: pés).

1.7. **Unidos venceremos**

⮕ **Materiais:** garrafa *pet*, caneta e barbantes de 1,5 metro (um para cada participante).

⮕ **Desenvolvimento:** os participantes devem estar em círculo, em pé ou sentados, de acordo com a preferência do grupo.

No chão, no centro do círculo, estará a garrafa *pet* destampada. Cada participante receberá um pedaço de barbante de 1,5 metro e todos deverão amarrar uma das pontas do barbante entre si e segurar a outra, formando uma teia. No centro dessa teia, será amarrada a caneta. O desafio é para que todos unidos, equilibrando a força, coloquem a caneta dentro da garrafa.

➲ **Observações:** essa brincadeira pode ser realizada de maneira competitiva. Para isso, basta formar dois grupos e ver qual consegue colocar a caneta dentro da garrafa primeiro.

➲ **Variações:** pode-se aumentar a dificuldade fazendo com que os participantes segurem o barbante com a mão não dominante, segurem o barbante com a boca ou amarrem o barbante na cintura, etc.

1.8. Dança das mãos

➲ **Materiais:** aparelho de som e músicas suaves.

➲ **Desenvolvimento:** os participantes devem ser divididos em duplas e ficar em pé, um de frente para o outro. Ambos devem permanecer com as mãos espalmadas na altura do peito, bem próximos das mãos do colega, mas sem tocá-las. A dupla deve manter contato visual e dançar suavemente movimentando as mãos, sempre as mantendo bem próximas, mas sem tocá-las. O professor deve enfatizar para que os participantes realizem movimentos de um lado para o outro, para cima, para baixo, explorando todas as direções. Depois de um tempo, trocar as duplas e prosseguir a atividade enquanto houver motivação.

1.9. Banho legal

➲ **Materiais:** aparelho de som e CD com a música *Ensaboa*, interpretada pela Marisa Monte.

➲ **Desenvolvimento:** os participantes devem ser divididos em pequenos grupos de 3 ou 4 pessoas. Cada pequeno grupo fará uma roda, em pé, e um dos participantes de cada grupo ficará no centro. O professor explica que os participantes que estão formando a roda darão um "banho" no colega que está no centro. Depois, os lugares vão sendo trocados até que todos passem pela experiência de dar e de receber o banho. Enquanto a música toca (deixar no *repeat*), o professor vai dando os comandos a quem está dando o banho: 1) jogar água no corpo todo do colega que está no centro, desde os pés até a cabeça, fazendo o som da água; 2) ensaboar o corpo do colega e passar o xampu; 3) enxaguar, jogando água novamente dos pés à cabeça; 4) tirar o excesso de água com as mãos; 5) secar o colega soprando; 6) enrolar o colega na toalha, dando um abraço coletivo nele.

1.10. Segurando o balão

➲ **Materiais:** bexigas e papeletas com exemplos de atitudes que auxiliam na resolução de problemas.

➲ **Desenvolvimento:** o professor deve preparar previamente as bexigas, colocando dentro delas as papeletas (uma para cada bexiga). Entrega então uma para cada participante encher e amarrar (se alguém tiver dificuldade, o professor ou os colegas podem ajudar). Em seguida, orienta os participantes para que passeiem pela sala brincando com o balão, jogando-o para o alto e agarrando-o sem deixá-lo cair.

Os alunos ficam alguns minutos assim até o professor parar a brincadeira e explicar que, de agora em diante, ele começará a pedir que algumas pessoas se retirem dela; entretanto, seus balões continuarão e os participantes que restarem devem cuidar de seu próprio balão e também dos balões dos colegas que forem saindo.

O professor pode chamar para deixar a brincadeira, por exemplo, pessoas que estejam vestidas de azul, pessoas que usem óculos, quem tem cabelo comprido, etc. Com a diminuição de pessoas, a brincadeira vai ficando mais difícil até que reste somente uma pessoa com todos os balões, que certamente vão cair no chão. O professor convida então os participantes a comentarem suas sensações a respeito da brincadeira, especialmente a pessoa que ficou por último.

Após os comentários, cada um deve pegar um balão, estourá-lo e pegar o papelzinho de dentro. Nessa hora, se os participantes quiserem se sentar, o professor pode organizar um círculo com cadeiras. Cada um deve ler o que está escrito em seu papel (se alguém tiver dificuldade para ler, o professor ou o colega mais próximo pode ajudar) e comentar sobre aquela palavra e como ela pode ajudar na resolução dos problemas que cada um enfrenta no dia a dia ou até mesmo no grupo.

⊃ **Exemplos:** atitudes que auxiliam na resolução de problemas: união, amizade, perdão, humildade, paciência, ver o lado positivo, estar aberto para aprender, etc.

⊃ **Observações:** muitas vezes no grupo podem surgir pequenos problemas e desentendimentos e essa atividade pode ajudar a solucionar essas questões, mostrando aos participantes a importância da união, do perdão e da humildade, etc.

2.

Cognição

A cognição, juntamente com o afeto e a volição, é considerada uma das três funções mentais básicas, sendo definida como o ato ou processo de adquirir um conhecimento.

Segundo Spirduso (2005), os processos de cognição são: atenção, memória operacional ou de trabalho, velocidade de processamento de informações, capacidade psicomotora e percepção, sendo estes processos os sustentadores das funções cognitivas.

Por meio de brincadeiras e jogos, é possível estimular elementos do processo da cognição. Especialmente para idosos, alguns desses elementos são de suma importância como, por exemplo, estimular a memória, as capacidades psicomotoras, etc.

2.1. Campo minado

◯ **Materiais:** Fita crepe, folhas contendo o mapa do campo minado, apito.

◯ **Desenvolvimento:** O professor deve demarcar antecipadamente o chão com a fita crepe e as folhas contendo no verso o mapa do campo minado. O ideal, para que não se torne uma atividade extensa e cansativa, é que o campo tenha no máximo 5 colunas (A, B, C, D, E) e 7 linhas (1, 2, 3, 4, 5, 6, 7).

Estando no início do campo minado, o professor divide a turma em dois grupos e explica as regras:

- Não é permitido falar nesse jogo, a comunicação com o grupo se dará somente por sinais;
- Uma pessoa de cada vez tentará atravessar o campo minado, e o grupo que atravessar primeiro todos os seus integrantes será o vencedor;
- A travessia deverá ser feita uma célula de cada vez e sempre para uma célula adjacente;
- Se o jogador pisar numa mina, o professor soará o apito e esta pessoa deverá retornar ao fim da fila para tentar outra vez; se pisar num campo livre, poderá seguir em frente.

◯ **Observações:** Como os grupos estarão divididos, a ordem de tentativas será intercalada entre um grupo e outro. O caminho correto só será revelado no final, portanto cada participante deve estar atento às jogadas de seu antecessor para não cometer os mesmos erros. O grupo deve aprender com as próprias experiências e trabalhar de maneira unida para que todos os integrantes consigam atravessar o campo minado.

Exemplo de campo minado

	A	B	C	D	E
1	💣	😀	💣	💣	💣
2	💣	💣	😀	💣	💣
3	💣	💣	💣	😀	💣
4	💣	💣	😀	💣	💣
5	💣	😀	💣	💣	💣
6	💣	😀	💣	💣	💣
7	😀	💣	💣	💣	💣

Nesse caso, o caminho correto seria: 1B, 2C, 3D, 4C, 5B, 6B, 7A.

2.2. Cabeça x joelho

⮕ **Materiais:** nenhum.

⮕ **Desenvolvimento:** os participantes podem estar em pé ou sentados, formando um círculo. O professor explica que a brincadeira requer muita atenção, pois o comando será dado ao contrário, ou seja, quando ele disser: "mão na cabeça", todos devem colocar as mãos no joelho e, quando disser "mão no joelho", devem colocar as mãos na cabeça.

O comando começa em ritmo lento, até os participantes entenderem bem a brincadeira, e depois o professor pode dificultar acelerando o ritmo e também fazendo os gestos ao contrário para confundir os participantes.

⮕ **Observações:** é comum que os idosos se atrapalhem no começo, por isso é importante iniciar de forma lenta e ir acelerando progressivamente. Em um contexto de gincana, por exemplo, esse jogo também pode ser competitivo, vencendo aquele que não errar nenhuma vez. O professor deve estimular os alunos que se sentirem aptos para que eles próprios possam liderar, dando os comandos.

⮕ **Variações:** o professor pode falar várias outras partes do corpo alternadamente e tocar em partes diferentes. Por exemplo: falar *mão no ombro* e tocar o cotovelo. Os participantes devem obedecer ao comando falado e não ao visual.

2.3. Tempo exato

⮕ **Materiais:** cadeiras (uma para cada participante), cronômetro, papel e caneta.

⮕ **Desenvolvimento:** todos os participantes devem estar em pé, na frente das cadeiras. O professor explica que, assim que der o comando, o cronômetro começará a rodar e os participantes devem calcular mentalmente quando acham que se passou 1 minuto. Quando um participante achar que chegou o tempo exato, deve sentar-se. O professor, então, anotará os resultados de cada um. Assim que todos estiverem sentados, o professor lerá os resultados e o vencedor será quem mais se aproximar (para mais ou para menos) dos 60 segundos.

2.4. O ritmo das palmas

◯ **Materiais:** cadeiras para os participantes.

◯ **Desenvolvimento:** sentados em círculo, cada participante receberá um número seguindo a sequência cardinal (1, 2, 3, 4...) de acordo com o número de participantes. O professor pode participar e será o número 1. A intenção é prestar atenção e não perder o ritmo das palmas que será dado da seguinte forma: duas palmadas no joelho e duas palmas em frente ao corpo.

Todos devem manter o ritmo com as palmas e o professor (que será o número 1) dirá então "um, um" (que simboliza ele mesmo), dando simultaneamente as duas palmadas no joelho e, em seguida, escolherá outro jogador para continuar dizendo por exemplo "cinco, cinco" (simbolizando aquele que ele escolheu), dando simultaneamente as duas palmas em frente ao corpo. Os que não forem chamados deverão manter o ritmo sempre e o número chamado (nesse caso, o número 5), também sem perder o ritmo, deve dar as duas palmadas no joelho, respondendo "cinco, cinco" e, em seguida, escolher outro jogador, dizendo por exemplo "dez, dez" e assim sucessivamente, prosseguindo enquanto houver motivação.

◯ **Observações:** é um jogo que requer muita atenção, coordenação e ritmo dos participantes, por isso é interessante que o professor inicie com um ritmo lento e vá aumentando gradativamente, estimulando os participantes a fim de que eles não se sintam desmotivados por não conseguirem dar continuidade à atividade.

2.5. O jogo das palavras

➲ **Materiais:** cadeiras para todos os participantes, mesas e envelopes com fichas contendo as letras do alfabeto.

➲ **Desenvolvimento:** a turma deve ser dividida em pequenos grupos de 3 a 5 pessoas, sentados ao redor de uma mesa, para que todos possam participar bem. Cada grupo receberá um envelope com fichas onde estarão impressas as letras do alfabeto (sugere-se três fichas de cada letra, para que seja ampliada a gama de palavras a serem formadas). De posse dessas fichas, os grupos terão cinco minutos para formar palavras de, no mínimo, quatro letras. Ao fim do prazo estipulado, vencerá a equipe que tiver formado mais palavras.

2.6. Pernambuco

➲ **Materiais:** papéis, canetas, mesas (ou pranchetas) e cadeiras para todos os participantes.

➲ **Desenvolvimento:** os alunos deverão estar sentados e ter um apoio para escrever (mesa ou pranchetas). O professor então distribui uma folha e uma caneta para cada participante e pede para que escrevam no alto a palavra PERNAMBUCO em letras maiúsculas. A partir desta palavra, os participantes deverão criar novas palavras com no mínimo 4 letras, sem poder repetir a mesma letra na mesma palavra. A atividade pode ter um tempo determinado para terminar, ou pode ser finalizada a partir da conclusão de um certo número de palavras (quem conseguir formar 10 palavras antes vence).

➲ **Exemplos: PERNA**MBUCO = PERNA; PE**RNA**MBU**CO** = AMOR; PERN**A**M**BU**C**O** = BOCA; PER**NA**MBUC**O** = NABO.

◯ **Variações:** essa atividade também pode ser realizada em duplas, trios, estimulando a cooperação, comunicação e integração do grupo.

2.7. A dança do xip, xip

◯ **Materiais:** nenhum.

◯ **Desenvolvimento:** os alunos deverão estar posicionados em círculo, em pé (ou sentados se for uma turma com cadeirantes), de maneira que todos possam enxergar seus colegas. O professor então ensinará a música que todos deverão cantar, cada um na sua vez: *"Eu fui dançar o Xip Xip e fiz assim..."* Após cantar, o primeiro aluno realizará um movimento qualquer, à sua escolha. Em seguida, seu colega à esquerda deverá cantar novamente *"Eu fui dançar o Xip Xip e fiz assim..."* Repetir o movimento de seu antecessor e aumentar a canção dizendo *"e assim..."*, realizando um movimento diferente. A canção vai sendo incrementada a cada novo participante, aumentando também o grau de dificuldade, pois é necessário memorizar todos os movimentos dos colegas antecessores, além de criar um novo movimento.

◯ **Exemplos:** 3 participantes – *"Eu fui dançar o Xip Xip e fiz assim...* (gira os pulsos na frente do corpo), *assim* (com as mãos na cintura, balança de um lado para o outro) *e assim* (dá chutes alternando perna direita e esquerda à frente)*"*.

◯ **Observações:** numa turma com cadeirantes, caso algum aluno não consiga realizar o movimento feito por outro colega não cadeirante, o professor deve estimulá-lo a adaptar esse movimento às suas possibilidades.

2.8. Memorizando com os amigos

◯ **Materiais:** 12 cartas grandes com figuras em uma face e numeradas na outra, sendo 6 figuras duplicadas e a numeração de 1 a 12.

◯ **Desenvolvimento:** o professor solicita que 12 idosos se voluntariem para segurar as cartas. Os que estiverem sem cartas serão divididos em duas equipes que competirão entre si. Poderão ficar em pé ou sentados de acordo com o desejo do grupo.

Quem estiver com as cartas, deverá ficar à frente e segurá-las na altura do peito com a figura escondida e o número aparecendo. As equipes escolherão intercaladamente duas cartas. Se essas cartas forem iguais (por exemplo: 2 e 9), a equipe que acertou marca um ponto e pode continuar jogando. Se forem diferentes (por exemplo: 1 e 3), a equipe erra e passa a vez para a outra equipe. Vence aquela que fizer mais pontos.

◯ **Exemplos:**

☼	♥	♪	●	☼	♣	☺	☺	♥	●	♣	♪
1	2	3	4	5	6	7	8	9	10	11	12

◯ **Observações:** esse jogo não precisa ser necessariamente competitivo, porém a competitividade pode ser um fator de motivação.

2.9. Memória cultural

◯ **Materiais:** aparelho de som, música animada e uma caixa com figuras (objetos, animais, natureza) e/ou papeletas com palavras escritas (objetos, qualidades, sentimentos).

➲ **Desenvolvimento:** os participantes devem estar sentados em círculo. O professor explica que, enquanto a música tocar, os participantes devem passar a caixa para o colega à sua direita. Quando a música parar, aquele que estiver com a caixa na mão deverá abri-la e retirar de lá uma figura ou papeleta (de sua preferência). De acordo com a figura ou a palavra escrita, deverá recordar-se de alguma música, piada, conto, etc., que contenha aquela palavra/figura. Para que a atividade não fique monótona, limita-se o tempo para recordar-se em 15 segundos. Se o participante não se lembrar de nada ao fim do tempo, os outros participantes podem manifestar-se e contar suas recordações. Em seguida recomeça-se o jogo, que prosseguirá enquanto houver motivação.

➲ **Exemplos:** figuras: *porta*, *macaco*, *mar*; palavras: *rádio*, *beleza*, *felicidade*, *amor*.

Um participante que pegar a papeleta com a palavra "amor", poderá cantar a música *"é o amor, que mexe com minha cabeça e me deixa assim..."*

➲ **Observações:** utilizam-se figuras e palavras, pois é comum em grupos de idosos existirem pessoas não alfabetizadas.

2.10. Roda da memória

➲ **Materiais:** cartões com figuras (um a cada duas pessoas), cadeiras (uma a cada duas pessoas), aparelho de som e música animada.

➲ **Desenvolvimento:** o professor deve preparar previamente cartões com 3 figuras cada. Em seguida, separa os participantes em dois grupos. Um grupo fará um pequeno círculo com as cadeiras viradas para o lado de fora e se sentará. Cada participante do outro grupo pegará um cartão e fará um círculo maior, em pé, ao redor do grupo sentado. O professor colocará uma música e o grupo em pé deverá dançar em volta das cadeiras. Quando a música parar, cada participante deverá parar em frente a um participante do grupo sentado e mostrar o cartão com as figuras durante 10 segundos. Quem estiver sentado deve tentar memorizar as figuras.

O professor coloca novamente a música e os participantes voltam a dançar. Quando o professor parar a música, eles deverão parar outra vez na frente da mesma pessoa que pararam antes. Dessa vez não devem mostrar o cartão e sim perguntar se o colega lembra quais eram as figuras que estavam naquele cartão. Em seguida, começa outra rodada e quem está no círculo de fora deverá parar na frente de outra pessoa e assim sucessivamente, durante algumas rodadas. Depois de um tempo, invertem-se os papéis e quem estava sentado levanta-se e vice-versa.

⮕ **Exemplos:** figuras de televisão, geladeira, fogão, coração, bola, estrela, cachorro, gato, cadeira, livro, palhaço, homem, mulher, etc.

⮕ **Observações:** usar figuras de fácil visualização (tamanho grande) e reconhecimento (figuras comuns do dia a dia).

3.

Consciência corporal

Para Kleinubing e Kleinubing (2002), *"todo conhecimento – inclusive o de si mesmo – passa pelo corpo. É o corpo que está envolvido no processo de compreender, de recordar e de sociabilizar-se com outros corpos"*.

A consciência corporal torna-se, assim, uma peça importantíssima no trabalho da educação física com idosos, pois um indivíduo com maior autoconhecimento adquire mais autonomia de ação, reconhecendo suas habilidades e seus limites, interagindo melhor consigo, com os outros e com o mundo, podendo romper tabus e preconceitos que fazem muitos idosos sentirem vergonha, medo ou insegurança de expressar-se corporalmente na prática de atividades físicas.

3.1. Caminhando pelo mundo

➲ **Materiais:** aparelho de som e músicas animadas.

➲ **Desenvolvimento:** todos os participantes devem estar em pé, espalhados aleatoriamente pelo espaço destinado à atividade.

Ao comando do professor, todos deverão caminhar de acordo com o lugar do mundo onde se encontrarem.

➲ **Exemplos:** caminhando na terra dos gigantes (andar na ponta dos pés), na terra dos pinguins (com os pés bem juntos e passos pequenos), nas montanhas (como se estivessem escalando), no deserto (saltitando na ponta dos pés por causa da areia quente), na cidade dos bêbados (imitando o caminhar de um bêbado), etc.

➲ **Observações:** os próprios participantes podem sugerir regiões e modos de caminhar.

3.2. Dança do espelho

➲ **Materiais:** aparelho de som e músicas animadas.

➲ **Desenvolvimento:** os participantes devem ser divididos em duplas e ficar em pé, um de frente para o outro. Uma das pessoas da dupla deve criar uma coreografia, fazendo gestos com diversas partes do corpo e a outra deve imitar como se fosse um espelho. Em seguida, troca-se os papéis e quem estava imitando passa a criar. Depois de um tempo, trocar as duplas e prosseguir a atividade enquanto houver motivação.

➲ **Variações:** 1) Realizar a atividade em pé, com uma pessoa da dupla caminhando na frente e criando os movimentos e a outra seguindo e imitando. Depois, inverter os papéis; 2) Realizar a atividade com todos sentados, realizando somente movimentos faciais, intercalando entre quem faz e quem imita.

3.3. Passando o arco

⊃ **Materiais:** arcos (bambolês).

⊃ **Desenvolvimento:** Em pé, todos os participantes farão um círculo de mãos dadas. O professor colocará inicialmente um arco no braço de um dos participantes. Esse arco deverá ser passado por todos da equipe, sem soltar as mãos. Conforme o primeiro arco for sendo passado, o professor pode introduzir outros arcos e os participantes devem evitar que eles se encontrem. A atividade prossegue enquanto houver motivação.

3.4. Robô dançarino

⊃ **Materiais:** aparelho de som e músicas animadas.

⊃ **Desenvolvimento:** os participantes devem ser divididos em duplas e ficar em pé um na frente do outro. Um dos participantes será o robô dançarino e o outro será o comandante. O robô deve ficar parado e só dançar quando e como o comandante autorizar. O comandante autorizará o robô a dançar tocando em alguma parte do seu corpo. Por exemplo, se o comandante tocar o pé direito do robô, ele deve dançar somente mexendo o pé direito. Conforme o comandante for tocando o robô em outras partes do corpo, ele deve continuar dançando com as partes que já foram tocadas até que esteja dançando com o corpo todo. Em seguida, invertem-se os papéis.

⊃ **Observações:** quanto mais inusitadas as partes do corpo tocadas, mais engraçada fica a brincadeira.

3.5. Dançando com o balão

➲ **Materiais:** aparelho de som, músicas animadas e bexigas (balões).

➲ **Desenvolvimento:** os participantes devem ser divididos em duplas e ficar em pé, um de frente para o outro. Cada dupla deve encher um balão e, ao comando do professor, deve dançar sustentando o balão em diferentes partes do corpo sem deixá-lo cair e sem apoiá-lo com as mãos. Ao final, deve estourar o balão, dando um abraço apertado em seu parceiro de dança.

➲ **Exemplos:** dançar sustentando o balão na barriga, na testa, nas costas, no ombro, na coxa.

➲ **Observações:** os próprios participantes podem sugerir partes do corpo com que sustentar o balão.

3.6. Muro da amizade

➲ **Materiais:** bolas de diversos tamanhos e texturas.

➲ **Desenvolvimento:** dividir os participantes em dois grupos, um será o muro e o outro os amigos. Todos devem ficar em pé. Quem fizer parte do muro deverá formar uma fileira, ombro a ombro com os colegas. Quem fizer parte dos amigos deverá formar uma fila no início do muro. O primeiro dos amigos deve pegar uma bola e colocar contra o muro e em seguida rolá-la por ele usando somente o corpo, sem o auxílio das mãos. Se a bola cair, deve retornar ao começo e fazer tudo outra vez. Quando o primeiro participante tiver terminado, deverá voltar ao final da fila e o próximo continua a brincadeira. Depois que todos os amigos tiverem passado algumas vezes pelo muro usando as diferentes bolas, invertem-se os papéis.

◯ **Exemplos:** sugere-se usar bola de plástico grande, bola de borracha, bola de vôlei, bola de futebol americano e bola de tênis.

◯ **Variações:** esta atividade pode ser realizada como um jogo de competição entre equipes. Neste caso, se formarão dois muros e vencerá a equipe que primeiro levar e trazer todas as bolas através dele.

3.7. Expressando sentimentos

◯ **Materiais:** papeletas com sentimentos escritos.

◯ **Desenvolvimento:** os participantes devem ser divididos em pequenos grupos de 5 a 8 participantes. Em seguida, o professor lê uma lista com várias sensações como: medo, fome, loucura, ódio, tristeza, dor, saudade, paixão, alegria, amor, etc. Entre estas sensações, cada grupo sorteará 3 que deverá representar através de mímica para os demais, sem poder emitir nenhum som. Cada grupo representa os seus sentimentos ou sensações (uma atividade de cada vez) e os outros grupos tentam adivinhar quais são. O grupo que acertar marcará um ponto. Vencerá o grupo que marcar mais pontos.

3.8. O fantasma

◯ **Materiais:** lençol.

◯ **Desenvolvimento:** os participantes devem ser divididos em duas equipes, uma ficará dentro da sala e a outra fora. A equipe que estiver fora deverá escolher um de seus membros e cobri-lo com o lençol. Essa pessoa não estará enxergando nem poderá falar, por isso, outro membro a guiará para dentro da sala com todo cuidado para que não se machuque. A equipe que ficar dentro da sala terá três chances para adivinhar quem é o "fantasma". Se acertarem, retira-se o lençol revelando quem é o fantasma e a equipe marca um ponto. Se errarem, o ponto é da outra equipe. Pode ser estipulado um número de fantasmas (por exemplo, 5). Depois se invertem os papéis: quem estava na sala sai e quem estava fora entra. Vencerá a equipe que marcar mais pontos.

⊃ **Observações:** quem estiver guiando a pessoa coberta com o lençol deve caminhar devagar e transmitir segurança ao seu colega que está sem enxergar. A equipe que estiver fora pode mandar a mesma pessoa mais de uma vez para confundir o outro grupo.

3.9. Telefone sem fio tátil

⊃ **Materiais:** pranchetas, canetas, papel sulfite, fichas com desenhos, bancos/cadeiras.

⊃ **Desenvolvimento:** essa atividade pode ser realizada em pé ou com os idosos sentados em bancos/cadeiras (o encosto da cadeira deve ficar na lateral do corpo, pois é necessário que as costas fiquem livres). Formam-se filas com no máximo 5 participantes em cada uma. O professor, então, explica que a brincadeira é parecida com o famoso telefone sem fio, porém com uma diferença: em vez de ser por meio da fala, a comunicação se dará pelo tato.

O primeiro participante de cada fila receberá uma prancheta com folhas e uma caneta. Os desenhos, previamente selecionados pelo professor, serão mostrados somente ao último de cada fileira, que deverá desenhá-lo com o dedo indicador nas costas do colega que estiver na sua frente. Este fará o mesmo e assim por diante, até que o desenho chegue ao primeiro da fila e ele o represente no papel da forma como entendeu. Finalizando essa primeira rodada, quem era o último vai para o começo da fila e assim sucessivamente, de modo que todos possam vivenciar as diferentes posições.

No final, o professor mostra quais eram os desenhos originais e cada grupo compara com os seus desenhos.

➲ **Exemplos:** começar com fichas de desenhos bem simples como figuras geométricas (quadrado, triângulo, círculo) e ir evoluindo para figuras mais elaboradas como sol, coração, estrela. Evitar desenhos muito complexos ou que precise tirar muitas vezes o dedo das costas do colega.

➲ **Observações:** o professor deve frisar a importância da atenção na hora de sentir, associar e repassar o desenho. Evitar realizar essa atividade em dias muito frios, pois o excesso de roupas dificulta a sensibilidade da pele.

➲ **Variações:** esta atividade pode ser realizada como um jogo de competição entre equipes. Vencerá a equipe que acertar mais desenhos.

3.10. **Jogo dos sentidos**

➲ **Materiais:** venda para os olhos, mesa, garfos descartáveis, 3 tipos de frutas, 3 tipos de ervas e 3 objetos (à escolha do professor), papéis, canetas e aparelho de som tocando uma música suave.

◯ **Desenvolvimento:** o professor prepara previamente uma sala à parte, na qual estarão os participantes. Essa será a sala dos sentidos. Nessa sala estará uma mesa com frutas, ervas e objetos. O professor explicará a atividade para o grupo da seguinte forma: o objetivo principal é estimular os sentidos do tato, olfato e paladar, para isso, serão destituídos do sentido da visão por alguns minutos, enfatizando nesse momento que, se algum idoso não se sentir confortável em ficar com os olhos vendados, não é obrigado a participar. Explicar que todos podem ficar à vontade, conversando com os colegas. Um de cada vez será convidado a colocar a venda e, com o professor auxiliando, entrar na sala dos sentidos e tentar descobrir e memorizar quais são as frutas, ervas e objetos por meio do paladar, olfato e tato. Em seguida, devem sair da sala, retiram a venda e tentam lembrar quais as frutas, as ervas e os objetos que estavam na sala dos sentidos. Anotar numa folha de papel na mesma ordem em que eles estavam dispostos na mesa (se algum participante não souber ou tiver dificuldade para escrever, dirá sua sequência para o professor, que anotará para ele). Ao voltar para o grupo, o participante deverá guardar sua folha consigo e não comentar com os demais sobre sua experiência. O próximo participante será chamado e assim sucessivamente, até que todos tenham vivenciado a atividade.

No fim, o professor fala, na ordem, quais eram as coisas que estavam sobre a mesa e cada um pode conferir sua lista e ver o que acertou e o que errou. Todos comentam sobre o que acharam da atividade, se tiveram dificuldades, qual a sensação de estar com os olhos vendados estimulando os outros sentidos, se gostaram ou não.

◯ **Exemplos:** usar frutas, ervas e objetos mais comumente conhecidos e de fácil reconhecimento. Para o tato, usar objetos, comuns do dia a dia dos idosos: colher, livro, chinelo; para o olfato ervas como: camomila, hortelã e erva-doce; para o paladar frutas como maçã, banana, mamão.

➲ **Observações:** enfatizar que, apesar de a atividade não ser obrigatória, seria interessante a participação de todos e que não haverá riscos, uma vez que o professor estará sempre guiando e auxiliando o participante que estiver vendado.

4.

Atividades esportivas

Para fim exclusivo de organização, serão consideradas aqui atividades esportivas aquelas que contiverem elementos diretos ou indiretos relacionados aos esportes. Podem ser os esportes propriamente ditos, adaptações, atividades de iniciação esportiva, etc.

Atividades esportivas, além de seu benefício para a saúde, são ótimas para motivar os alunos para a prática de atividades físicas. A competitividade e a recompensa da vitória são grandes motivações para buscar sempre o melhor desempenho. No entanto, o professor deve estar atento para que os limites de cada indivíduo sejam respeitados e que a competição seja saudável e não exagerada, devendo enfatizar a cooperação entre os membros das equipes.

4.1. Futebol em roda

➲ **Materiais:** bola de futebol.

➲ **Desenvolvimento:** os participantes devem formar um círculo, em pé, e um ficará no centro. Os que estiverem no círculo tentarão dominar a bola e trocar passes entre si, enquanto o participante que estiver no centro tentará encostar na bola. As regras são: 1) os participantes não podem sair da roda para pegar a bola – se a bola sair do círculo, quem a jogou vai para o centro e quem estava no centro entra na roda; 2) Se quem estiver no centro conseguir encostar na bola, ele está salvo e vai para o círculo e quem jogou a bola vai para o centro.

⊃ **Observações:** é uma atividade boa para se trabalhar os passes e o domínio de bola do futebol sem que haja risco excessivo de quedas e traumas para os participantes.

⊃ **Variações:** o professor pode dificultar o jogo, limitando em apenas 1 toque de bola por participante ou inserindo mais bolas no jogo.

4.2. Derruba garrafa

⊃ **Materiais:** duas garrafas *pet*, duas bolas de futebol.

⊃ **Desenvolvimento:** o professor prepara previamente duas garrafas *pet* com cerca de 3 centímetros de água dentro (só para que não vire com o vento). Em seguida, divide os participantes em duas equipes que formarão 2 filas, em pé, cerca de 15 metros distantes das garrafas, de frente para elas. Ao comando do professor, as equipes tentarão derrubar sua garrafa chutando a bola de futebol. Cada participante poderá chutar somente uma vez e, acertando ou errando, deverá retornar ao final da sua fila para só então chutar outras vezes (tantas quantas forem necessárias até que sua equipe conquiste o objetivo). A equipe que primeiro derrubar a garrafa 5 vezes vence.

➲ **Observações:** é uma atividade boa para se trabalhar o chute do futebol sem que haja risco de quedas e traumas para os participantes.

➲ **Variações:** realizar a atividade por tempo, vencendo a equipe que mais vezes derrubar a garrafa.

4.3. Drible no cone

➲ **Materiais:** 10 cones e 2 bolas de futebol.

➲ **Desenvolvimento:** o professor prepara previamente o espaço dispondo duas fileiras de 5 cones distantes uma da outra cerca de 5 metros e com uma distância entre os cones de cerca de 2 metros um do outro. Os participantes são divididos em duas equipes e formam duas filas, cada uma atrás de uma fileira de cones. Ao comando do professor, o primeiro participante de cada equipe deve dominar a bola com os pés e passar por todos os cones, driblando-os na ida e na volta. Quando voltar para a fila, entrega a bola para o próximo e assim sucessivamente. A equipe que primeiro terminar o percurso com todos os participantes vence.

➲ **Observações:** é uma atividade boa para se trabalhar o drible do futebol sem que haja muitos risco de quedas e traumas para os participantes.

4.4. Numerobol

➲ **Materiais:** bola de futebol ou basquete.

➲ **Desenvolvimento:** numa quadra poliesportiva, o professor divide os participantes em duas equipes. Cada equipe deve formar uma fileira numa das linhas laterais do campo, ficando em pé, uma de frente para a outra. O professor dará um número para cada participante, sendo que haverá um correspondente com o mesmo número na equipe adversária. Em seguida, colocará no centro, entre as duas equipes, uma bola (de futebol ou de basquete, de acordo com o objetivo) e chamará um número (por exemplo: 5). O participante de cada equipe que tiver esse número deverá sair e tentar dominar a bola e fazer o gol (se for futebol) ou a cesta (se for basquete) no lado do campo destinado à sua equipe. Quem fizer o gol ou a cesta marca ponto para sua equipe. Ambos voltam para seus lugares e o professor chama outros números. A atividade terminará por pontos ou por tempo, conforme previamente combinado.

➲ **Variações:** para aumentar o grau de dificuldade, o professor poderá dizer uma operação matemática e quem deverá sair para o jogo será o número correspondente ao resultado dessa operação (por exemplo: $2 \times 4 = 8$, quem deve sair é o número 8 de cada equipe, $10 \div 2 = 5$, quem deve sair é o número 5 de cada equipe, e assim sucessivamente).

4.5. Bola na cesta

➲ **Materiais:** bola de basquete, cronômetro.

➲ **Desenvolvimento:** numa quadra de basquete, os participantes são divididos em duas equipes. Uma das equipes jogará, enquanto a outra espera. A que for jogar formará uma fila, em pé, atrás da linha de lance livre. O professor dará o comando para que o primeiro da fila faça seu arremesso ao mesmo tempo em que aciona o cronômetro. A equipe deverá acertar 10 cestas no menor tempo possível. Cada participante poderá arremessar somente uma vez e, acertando ou errando, deverá retornar ao final da fila para só então arremessar outras vezes (tantas quantas forem necessárias até que sua equipe faça as 10 cestas). Conquistado o objetivo, o professor para o cronômetro e anota o resultado da equipe. Em seguida, invertem-se os papéis e a equipe que estava esperando joga. Aquela que fizer as 10 cestas em menor tempo será a vencedora.

⊃ **Observações:** é uma atividade boa para se trabalhar os arremessos de lance livre do basquete sem que haja risco de quedas e traumas para os participantes.

⊃ **Variações:** uma das variações possíveis é que cada equipe jogue em um dos lados da quadra e aquela que fizer as 10 cestas primeiro vence.

4.6. Vinte passes

⊃ **Materiais:** bola de vôlei, handebol ou basquete e tiras de TNT de duas cores diferentes para identificar os membros das equipes.

⊃ **Desenvolvimento:** o professor divide os participantes em duas equipes, dando a cada um uma tira de TNT da cor da equipe a que pertence para que seja amarrada no pulso e auxilie na identificação dos membros de uma mesma equipe. Os participantes se espalharão aleatoriamente pelo espaço destinado à atividade. O objetivo será realizar 20 passes entre os membros da equipe sem que a bola seja interceptada pelos adversários. As equipes devem contar em voz alta o número de passes e, se a bola for roubada pelos adversários, zera-se a contagem.

Duas regras são importantes para o bom andamento desse jogo: 1) não é permitido roubar a bola da mão do jogador, ela deve ser interceptada enquanto estiver no ar ou quando cair no chão. 2) Não é permitido ficar trocando passes somente entre duas pessoas ou três pessoas, os passes devem ser feitos entre todos da equipe.

⊃ **Observações:** esta atividade serve como preparativo para vários esportes, como o vôlei, handebol, basquete, etc., pois dá aos participantes o primeiro contato com o formato e peso da bola e também com a questão dos passes de bola.

⊃ **Variações:** se houver dificuldade em realizar os 20 passes, pode-se diminuir o número para 10 ou 7 passes.

4.7. Cinco arremessos

⊃ **Materiais:** bola de basquete, giz ou fita crepe para marcar os locais de arremessos.

⊃ **Desenvolvimento:** numa quadra de basquete, o professor marca previamente 5 locais de arremesso, em semicírculo ao redor da cesta. É um jogo individual e todos os participantes devem formar uma fila, em pé, atrás do primeiro local de arremesso. O primeiro jogador tenta fazer o arremesso. Se acertar, passa para a segunda marca e continua arremessando. Se errar, volta para o fim da fila e o segundo jogador inicia sua tentativa. Vence o jogador que primeiro passar pelas cinco marcas.

⊃ **Observações:** é uma atividade boa para se trabalhar os arremessos de lance livre do basquete sem que haja risco de quedas e traumas para os participantes.

4.8. *Frisbee* na mira

◗ **Materiais:** 2 discos voadores de plástico (*frisbee*), giz ou fita adesiva para marcar o chão e papel e caneta para marcar os pontos.

◗ **Desenvolvimento:** em um espaço aberto, o professor marca no chão o alvo com diferentes níveis de pontuação onde os participantes deverão acertar o disco. Os participantes são divididos em duas equipes e, a uma distância de 10 a 20 metros do alvo, tentarão acertar nele o disco, por meio de arremessos no ar. Cada jogador terá 3 tentativas e será anotada sua melhor pontuação. No fim, somam-se todos os pontos da equipe e vence aquela que tiver maior pontuação.

◗ **Exemplo:**

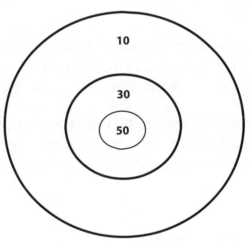

4.9. Tênis de calçada

◗ **Materiais:** bola de tênis, giz para riscar a quadra.

◗ **Desenvolvimento:** o professor deve preparar o campo para o jogo, traçando um retângulo de aproximadamente 4 metros de comprimento por 2 metros de largura, dividindo-o em dois quadrados iguais. A linha central será a rede e os jogadores ficam frente a frente, em lados opostos da quadra. É um jogo individual e, enquanto dois participantes jogam, os outros participantes formam a torcida.

Um dos participantes inicia dando o saque, batendo a bola no chão uma vez. Depois, lança-a para o outro lado com a palma da mão. A bola deve passar por cima da "rede" e tocar uma vez na quadra adversária antes de ser rebatida, também com a palma da mão. Os jogadores lançam a bola de um lado para o outro até que alguém erre perdendo a bola ou lance-a para fora dos limites do campo. Quando isso acontecer, é marcado um ponto para o adversário. Vence o jogador que primeiro marcar 7 pontos. Saem os dois jogadores e entram os próximos, para que todos possam vivenciar a atividade.

⮕ **Observações:** essa atividade serve como preparativo ou como vivência do tênis, já que muitas vezes é difícil encontrar lugares e materiais adequados para a prática desse esporte.

⮕ **Variações:** esse jogo pode ser realizado em duplas, bastando que o professor adapte o tamanho do campo. Pode-se também realizar com os participantes um campeonato de tênis de calçada.

4.10. Hóquei de vassoura

⮕ **Materiais:** duas vassouras e uma tampa de recipiente para ser usada como disco.

⮕ **Desenvolvimento:** em uma quadra poliesportiva, o professor divide os participantes em duas equipes. Cada equipe terá uma vassoura e deverá formar uma fileira numa das linhas laterais do campo, ficando em pé, uma de frente para a outra. O professor dará um número para cada participante, e haverá um correspondente com o mesmo número na equipe adversária. Em seguida, colocará no centro, entre as duas equipes, um disco (tampa de um recipiente qualquer) e chamará um número (por exemplo: 2). O participante de cada equipe que tiver esse número deverá pegar sua vassoura e sair para tentar varrer o disco e fazer o gol. Quem fizer o gol, marca ponto para sua equipe. Ambos voltam para seus lugares e o professor chama outros números. A atividade terminará por pontos ou por tempo, conforme previamente combinado.

⮕ **Variações:** para aumentar o grau de dificuldade, o professor poderá dizer uma operação matemática e quem deverá sair para o jogo será o número correspondente ao resultado dessa operação (por exemplo: 1 + 5 = 6, quem deve sair é o número 6 de cada equipe; 8 – 5 = 3, quem deve sair é o número 3 de cada equipe, e assim sucessivamente).

⮕ **Observações:** manter as vassouras na vertical, tomando cuidado para não passar uma rasteira no adversário quando estiverem varrendo o disco.

5.

Atividades recreativas

Atividades recreativas proporcionam aos idosos uma distração saudável, os quais estarão ao mesmo tempo movimentando seu corpo (físico), tendo contato com outros companheiros de atividade (social) e desligando-se do estresse da vida contemporânea (psicológico). As atividades recreativas sempre buscam levar os participantes à diversão e ao entretenimento em seu momento de lazer.

5.1. Batata quente do riso

➲ **Materiais:** cadeiras, aparelho de som, CD com músicas animadas, uma caixa, papeletas com tarefas engraçadas.

➲ **Desenvolvimento:** o professor prepara papeletas com tarefas engraçadas e as coloca dentro da caixa. Ao som de uma música, os participantes, sentados em roda, vão passando a caixa de mão em mão. Quando a música parar, a pessoa que estiver com a caixa deverá abri-la, retirar um papel e executar a tarefa solicitada (se o participante tiver dificuldade em ler, o professor ou outros colegas devem ajudar). A brincadeira continua enquanto houver motivação ou até acabarem as papeletas.

⊃ **Exemplos:** imitar um macaco, cantar uma música, dançar, contar uma piada, etc.

⊃ **Observações:** o professor deve auxiliar no caso de algum participante ter dificuldade em realizar a tarefa ou ser muito tímido.

5.2. Jogo das respostas malucas

⊃ **Materiais:** mesa, cadeiras, folhas de papel e canetas.

⊃ **Desenvolvimento:** os participantes devem estar sentados ao redor de uma mesa. O professor entrega uma folha e uma caneta para cada participante e pede para que escrevam a seguinte frase: *O que você faria se...* e que cada um complete essa frase com o que imaginar. Em seguida, todos devem dobrar a folha ao meio e passá-la para o colega à direita. Sem ler o que está escrito, cada um deve escrever nessa folha a resposta à sua própria pergunta e passá-la para outro colega à direita. Agora, cada um lê a pergunta e a resposta de sua folha. A brincadeira continua até que todos tenham lido.

⊃ **Exemplos:** O que você faria se o mundo fosse acabar amanhã? O que você faria se seu vestido rasgasse durante uma festa? O que você faria se percebesse que saiu na rua com a roupa do lado avesso?

5.3. Jogo do amor

○ **Materiais:** cadeiras e uma flor (de plástico ou natural).

○ **Desenvolvimento:** os participantes devem formar um círculo com as cadeiras voltadas para o centro. Um participante deve permanecer no centro, sem cadeira e segurando uma flor. Ele será o primeiro interrogador. Deverá dirigir-se a alguém que esteja na roda para entregar-lhe a flor e perguntar: *Você me ama?* A pessoa interrogada deve responder: *Sim, amo você.* E o interrogador questiona: *Por quê?* O interrogado responderá dizendo alguma característica do interrogador, por exemplo: *Porque você está de azul.* Então, todas as pessoas do círculo que estiverem vestidas com alguma peça de roupa azul deverão levantar-se e trocar de lugar. O interrogador aproveitará o momento para tentar sentar em algum lugar. Quem ficar sem lugar para sentar será o próximo interrogador.

○ **Exemplos:** eu amo você porque você usa óculos, porque você é loiro, porque você é bonito, porque você é divertido, etc.

○ **Observações:** quanto mais inusitadas as respostas, mais engraçado o jogo fica.

5.4. Viúva

○ **Materiais:** cadeiras para metade dos participantes.

○ **Desenvolvimento:** é necessário que haja número ímpar de participantes, por isso, se na turma houver número par, o professor pode integrar o grupo. Primeiramente, divide-se a turma em duas, a metade com um integrante a menos iniciará a brincadeira sentada e a outra metade em pé. Os que ficarem em pé se colocarão cada um atrás da cadeira de um participante e permanecerão com as mãos para trás. Como há um participante a menos no grupo dos sentados, uma cadeira ficará vazia e a pessoa que estiver em pé atrás dela será a "viúva".

A viúva tentará arrumar um par para si piscando para os participantes que estiverem sentados. Assim que um participante perceber que a viúva piscou para ele, deve levantar-se e dirigir-se para a cadeira vazia. Aqueles que estiverem em pé tentarão evitar a fuga de seus pares pousando suavemente as mãos em seus ombros. Se o participante sentado receber uma piscada da viúva e seu par em pé colocar a mão em seu ombro, ele não poderá levantar-se. Porém, se não for impedido, deve levantar-se e sentar na cadeira vazia. Então, o participante que ficou sem par será a nova viúva e assim sucessivamente.

➲ **Observações:** é um jogo divertido, mas requer atenção dos participantes, tanto dos que estiverem sentados (para perceberem quando a viúva piscar para eles) quanto dos que estiverem em pé (para que evitem a fuga de seus pares).

Após algum tempo, o professor pode inverter os papéis e aqueles que estavam em pé se sentam e vice-versa, para que os participantes vivenciem as duas experiências.

5.5. **Correio elegante**

➲ **Materiais:** arcos (um para cada participante).

➲ **Desenvolvimento:** os arcos devem estar colocados em círculo no chão e os participantes devem estar em pé dentro deles. Retira-se um arco e a pessoa que ficou sem iniciará sendo o carteiro, que ficará no centro do círculo dizendo para quem chegam as cartas. O carteiro deve dizer, por exemplo: *chegou carta* *para os loiros!* E então, todas as pessoas do círculo que forem loiras deverão trocar de lugar. O carteiro aproveitará o momento para também tentar ocupar um arco. Quem ficar sem arco será o próximo carteiro. O carteiro pode também dizer: *as cartas se extraviaram!* Então, todos devem trocar de lugar. O jogo prossegue enquanto houver motivação.

⮕ **Exemplos:** chegou carta para as mulheres, para os altos, para os de cabelo curto, para os simpáticos, para os inteligentes, etc.

⮕ **Observações:** quanto mais inusitados os destinatários das cartas, mais engraçado o jogo fica.

5.6. *Jokenpo* floresta

⮕ **Materiais:** nenhum.

⮕ **Desenvolvimento:** os alunos devem ser divididos em duas equipes com o mesmo número de participantes, que ficarão frente a frente. O professor deve explicar que o jogo jokenpo é mais conhecido como "pedra, papel e tesoura". No entanto, esse é um *jokenpo* especial, pois tem relação com elementos da floresta. Os elementos são: o caçador, o leão e a espingarda, cabendo ao professor combinar com as equipes quais gestos representarão cada elemento. A cada nova rodada, as equipes viram-se de costas uma para outra, decidem em conjunto qual elemento representarão e, assim que o professor der o comando, ambas deverão virar para frente ao mesmo tempo, representando com gestos o elemento escolhido. O caçador domina a espingarda, a espingarda mata o leão e o leão ganha do caçador. O jogo prossegue enquanto houver motivação ou por um número estipulado de pontos.

◯ **Exemplos:** equipe A escolhe leão e equipe B escolhe espingarda. Quem marca ponto é a equipe B, pois a espingarda mata o leão.

5.7. Guerra de balões

◯ **Materiais:** um pedaço quadrado de TNT de 3 × 3 metros, balões de cores diferentes.

◯ **Desenvolvimento:** o professor deve preparar o TNT e fazer um furo no centro dele de um tamanho por onde possa passar um balão. Os participantes devem ser divididos em duas equipes. Cada equipe terá um balão de uma cor e, em pé, segurará em duas laterais do TNT. Ao comando do professor, os balões serão colocados em cima do TNT e, com todos segurando o TNT, cada equipe tentará derrubar pelo buraco o balão do adversário e evitar que o seu balão caia. A equipe que primeiro conseguir derrubar o balão do adversário pelo furo central vence. Se o balão cair pelos lados, deve-se parar o jogo e recolocá-lo; se estourar, deve-se colocar outro da mesma cor no lugar.

◯ **Observações:** se houver dificuldade, o professor pode ajudar orientando para que os membros de uma mesma equipe conduzam seus movimentos de modo coordenado.

5.8. Granada

◯ **Materiais:** jornais ou revistas usadas.

◯ **Desenvolvimento:** os participantes são divididos em duas equipes. Cada equipe ficará de um lado da quadra e os participantes receberão uma folha de jornal ou de revista e deverão fazer uma bola de papel com ela. Essa bola será uma granada. Ao sinal do professor, cada equipe tentará jogar o máximo possível de granadas no campo do adversário e evitar que fiquem granadas em seu campo, jogando as que caírem nele de volta para o campo adversário. Depois de algum tempo, o professor encerra o jogo e conta quantas granadas ficaram em cada campo. O grupo que conseguir atingir mais granadas no campo do adversário e ficar com menos granada em seu próprio campo vence.

⊃ **Observações:** o professor deve ficar atento à competitividade exagerada que possa eventualmente surgir.

5.9. Garrafabol

⊃ **Materiais:** garrafas *pet* de 2 litros (uma para cada participante), dois baldes, duas fitas adesivas de cores diferentes, giz para delimitar a área e uma bola de tênis ou frescobol.

⊃ **Desenvolvimento:** os participantes serão divididos em duas equipes. As garrafas deverão ser cortadas ao meio (a parte usada será a do gargalo) e ter a superfície cortada protegida com fita adesiva. Cada equipe deve ser de uma cor, para melhor identificar seus membros.

Os baldes serão colocados um em cada extremidade do local destinado ao jogo, com uma área de cerca de 2 metros delimitando o acesso ao balde. Nenhuma das equipes poderá entrar nessa área, nem para atacar nem para defender.

Não é permitido pegar a bola com a mão, somente com as garrafas, que estarão sendo seguradas pelo gargalo. Assim, as equipes tentarão acertar a bola no seu balde. Quem estiver com a bolinha não poderá se mover e terá de arremessá-la no balde ou para outros colegas de equipe, que poderão se mexer.

Cada vez que conseguirem acertar a bola no balde, marcarão um ponto. Uma regra importante é que a bola não pode ser roubada de dentro da garrafa, somente quando estiver no ar ou no chão e sendo pega com a garrafa. A atividade pode terminar por pontos ou por tempo preestabelecido.

◌ **Observações:** o professor deve ficar atento à competitividade excessiva que eventualmente possa ocorrer.

5.10. Caça ao tesouro

◌ **Materiais:** bilhetinhos com pistas e charadas (com cores diferentes para cada equipe) e fita adesiva.

◌ **Desenvolvimento:** o professor deve preparar o local da atividade previamente, colando com a fita adesiva os bilhetinhos com as pistas nos seus devidos lugares e escondendo o tesouro.

Os participantes serão divididos em duas ou mais equipes. É interessante que o professor prepare para cada equipe uma ordem diferente para chegar ao tesouro a fim de que uma não siga a outra; por isso, cada equipe terá pistas de cores diferentes. Cada equipe deverá pegar somente a pista de sua cor e não danificar a pista das outras equipes.

A primeira pista será entregue pelo professor a todas as equipes ao mesmo tempo e conterá uma charada que levará à pista seguinte. As equipes devem decifrar a charada e ir em busca da próxima pista, andando sempre de mãos dadas para evitar que os idosos mais aptos realizem a atividade individualmente. A última charada levará ao tesouro.

A equipe que encontrar o tesouro primeiro será a vencedora e o prêmio será o próprio tesouro, que pode ser uma caixa de bombons, balas ou pequenos brindes.

⊃ **Observações:** o professor deve conscientizar os jogadores para que respeitem os limites de seus colegas, andando numa velocidade que seja razoável para todos, evitando uma competitividade exagerada.

6.

Estafetas

Estafetas são atividades em que os participantes trabalham ao mesmo tempo em grupo e individualmente. Dentro do grupo, todos deverão realizar a mesma atividade, mas os indivíduos cumprirão a tarefa um de cada vez, enquanto os companheiros aguardam. Pode haver divisão da distância total a ser percorrida entre os participantes de uma mesma equipe (ex.: corrida de revezamento) ou um mesmo percurso mais curto pode ser feito por todos os elementos da equipe, cada um na sua vez, buscando-se sempre finalizar a tarefa no menor tempo possível. Estafetas, na maioria das vezes, são competitivas, mas o professor deve enfatizar para que o grupo encare a atividade como uma competição sadia e não exagerada.

6.1. Anel maluco

➲ **Materiais:** palitos de sorvete (um para cada participante) e dois anéis.

➲ **Desenvolvimento:** os participantes devem ser divididos em duas equipes e formar duas fileiras em pé ou sentados (de acordo com o desejo do grupo). Cada jogador segurará um palito com a boca. O professor dará um anel para o primeiro participante de cada equipe, que deverá esperar o comando para iniciar. Quando o comando for dado, o anel deverá ser colocado no palito e assim ser passado para todos da equipe, sem poder auxiliar com as mãos. A equipe que terminar primeiro e entregar o anel na mão do professor vence.

⮕ **Observações:** alertar para que os participantes mantenham a boca fechada, evitando o risco de engolir o anel por acidente.

6.2. Corrida com o nariz

⮕ **Materiais:** duas tampas de caixa de fósforos grande.

⮕ **Desenvolvimento:** os participantes devem ser divididos em duas equipes. Os participantes ficarão em posição sentada, caso contrário, devem estar em pé, dispostos em duas filas paralelas, a uma distância de mais ou menos 3 metros uma da outra. O primeiro participante de cada fila recebe a tampa de caixa de fósforos e, ao comando do professor, deve colocá-la no nariz e, sem o auxílio das mãos, tentar passá-la adiante, nariz a nariz, sem deixá-la cair. Se isso acontecer, deve-se recolocar a tampa no nariz e só então prosseguir. A equipe que primeiro passar a tampa pelo nariz de todos os seus componentes será a vencedora.

6.3. Bola no pé

⮕ **Materiais:** cadeiras e duas bolas de tênis ou frescobol.

⮕ **Desenvolvimento:** os participantes serão divididos em duas equipes. As equipes organizam duas filas paralelas com as cadeiras uma ao lado da outra. A primeira pessoa de cada fila recebe a bola e, ao comando do professor, deverá colocá-la sobre os pés, que deverão estar unidos, e tentar passá-la para o colega à direita sem deixar cair. Se a bola cair, em qualquer ponto, a equipe deverá voltar com ela ao início e recomeçar. A equipe que conseguir passar a bola no pé entre todos os seus componentes, sem que ela caia, será a vencedora.

6.4. Bolinhas malucas

◯ **Materiais:** mesa, 2 bolinhas de pingue-pongue, 2 potes.

◯ **Desenvolvimento:** os participantes deverão ser divididos em duas equipes. Em uma das pontas da mesa, as equipes formarão filas (uma à direita, uma à esquerda). Uma pessoa de cada equipe deverá ficar na outra ponta segurando um pote. As bolinhas de pingue-pongue deverão estar sobre a mesa, uma para cada equipe. Ao comando do professor, a primeira pessoa de cada fila deverá soprar a bolinha até fazer o "gol" (acertar a bolinha no pote) sem poder ajudar com nenhuma outra parte do corpo, somente assoprando. Ao fazer o gol, essa pessoa fica segurando o pote e seu colega que estava ali vai para o final da fila para cumprir a prova também, levando a bolinha para o primeiro da fila que tentará fazer o gol, assoprando-a, e assim sucessivamente. Vencerá a equipe que terminar antes a participação de todos.

6.5. Usando a cabeça

◯ **Materiais:** dois saquinhos de feijão e dois cones.

◯ **Desenvolvimento:** os participantes devem ser divididos em duas equipes. As equipes formarão 2 filas a uma distância de mais ou menos 3 metros uma da outra e de 10 metros dos cones, que deverão estar à frente de cada fila. O primeiro participante de cada equipe receberá um saquinho de feijão e, ao comando do professor, deverá colocá-lo na cabeça e caminhar o mais rápido possível até o cone, dando a volta nele e retornando à fila, na qual deve entregar o saquinho ao próximo participante e assim sucessivamente, até que todos tenham ido. Isso deve ser feito sem o auxílio das mãos e sem deixar o saquinho cair. Porém, se isso acontecer, o participante deverá parar e recolocá-lo na cabeça antes de prosseguir. A equipe que terminar o percurso antes será a vencedora.

6.6. Feijão na garrafa

◯ **Materiais:** 2 mesas, 2 garrafas *pet* e grãos de feijão (pelo menos um para cada participante).

◯ **Desenvolvimento:** os participantes devem ser divididos em duas equipes. As equipes formarão 2 filas a uma distância de mais ou menos 3 metros uma da outra. As mesas devem ser postas a uma distância de mais ou menos 10 metros, uma na frente de cada fila. Em cima de cada mesa ficará uma garrafa *pet* tampada. Cada participante deverá ter em mãos um grão de feijão e, ao comando do professor, o primeiro participante de cada fila deve encaminhar-se o mais rápido possível para a mesa de sua equipe, abrir a garrafa, colocar o grão de feijão dentro dela, fechá-la novamente, retornar para a fila e bater na mão do próximo que sairá até a mesa para também colocar o seu grão de feijão na garrafa e assim sucessivamente. A equipe que terminar primeiro será a vencedora.

➲ **Variações:** os participantes podem fazer o percurso várias vezes e a atividade deve ser finalizada por tempo determinado, vencendo a equipe que tiver mais feijões dentro de sua garrafa.

6.7. Vira-vira

➲ **Materiais:** copos de plástico ou descartáveis, uma mesa grande ou duas mesas pequenas.

➲ **Desenvolvimento:** os participantes devem ser divididos em duas equipes que competirão entre si. Se o jogo for realizado com uma mesa grande, cada equipe deverá ficar em uma das pontas da mesa; se for com duas mesas, as equipes podem ficar lado a lado, cada uma com sua mesa à frente. Traça-se uma linha de partida a mais ou menos dez metros da(s) mesa(s) e as equipes devem formar uma fila em pé atrás dela(s).

Em cima das mesas estarão os copos de plástico virados de boca para cima (a mesma quantidade em cada mesa). Ao comando dado pelo professor, a primeira pessoa de cada fila deve dirigir-se o mais rápido possível à sua mesa e virar todos os copos de boca para baixo. Fazendo isso, volta para a fila e bate na mão do próximo jogador que deverá fazer a mesma coisa, virando os copos de boca para cima e assim sucessivamente, até que todos tenham cumprido a tarefa. A equipe que terminar primeiro será a vencedora.

6.8. Tira e põe

➲ **Materiais:** 2 mesas, 2 paletós e 2 chapéus.

➲ **Desenvolvimento:** os participantes devem ser divididos em duas equipes. As equipes formarão 2 filas a uma distância de mais ou menos 3 metros uma da outra e de 10 metros de sua mesa, ficando de frente para ela. Em cima de cada mesa, ficará um paletó e um chapéu. Ao comando do professor, o primeiro participante de cada fila deve encaminhar-se o mais rápido possível para a mesa de sua equipe, vestir o paletó, colocar o chapéu e retornar para a fila na qual vai tirar o paletó e o chapéu e entregá-lo ao próximo participante. Esse participante vestirá os acessórios e se dirigirá até a mesa na qual irá tirá-los, retornando para a fila e batendo na mão do próximo que sairá até a mesa para se vestir e assim sucessivamente. A equipe que terminar primeiro o "tira e põe" será a vencedora.

6.9. Corrida da bola

⮕ **Materiais:** duas bolas e dois cones.

⮕ **Desenvolvimento:** os participantes serão divididos em duas equipes. As equipes devem formar duas filas paralelas, a uma distância de mais ou menos 3 metros uma da outra. Os cones devem ser postos a uma distância de mais ou menos 10 metros, um na frente de cada fila. O primeiro de cada fila receberá a bola e, ao comando do professor, a colocará entre os joelhos e caminhará até o cone, dando a volta nele e retornando à fila, na qual deve entregar a bola ao próximo participante e assim sucessivamente, até que todos tenham ido. Isso deve ser feito sem deixar a bola cair. Porém, se isso acontecer, o participante deverá parar e recolocar a bola entre os joelhos antes de prosseguir. A equipe que terminar o percurso antes será a vencedora.

6.10. Corrida em duplas

◐ **Materiais:** duas bolas de tênis ou frescobol, dois cones.

◐ **Desenvolvimento:** os participantes serão divididos em duas equipes que devem formar duas filas a uma distância de mais ou menos 3 metros uma da outra e de 10 metros dos cones, que deverão estar à frente de cada fila. Nas equipes, os participantes devem se organizar em duplas. A primeira dupla de cada equipe receberá uma bolinha de tênis e, ao comando do professor, deverá sustentá-la com a testa e caminhar o mais rápido possível até o cone, dando a volta nele e retornando à fila, na qual devem entregar a bolinha à próxima dupla e assim sucessivamente, até que todas as duplas tenham ido. Isso deve ser feito sem o auxílio das mãos e sem deixar a bolinha cair; porém, se isso acontecer, a dupla deverá parar e recolocá-la na cabeça antes de prosseguir. A equipe que terminar o percurso antes será a vencedora.

7.

Jogos aquáticos

Os jogos e brincadeiras na água podem ser uma atividade por si só ou auxiliarem no aquecimento e ativação física para outras atividades, como natação e hidroginástica.

Realizar atividades na água, seja com qualquer faixa etária, requer atenção redobrada do professor. Com idosos, é de suma importância que os alunos se sintam confiantes e seguros na água. Dependendo da turma, pode ser necessário que o professor desenvolva uma fase de adaptação ao meio aquático antes de iniciar com os jogos propriamente ditos.

7.1. Corrente legal

⮕ **Materiais:** dois arcos.

⮕ **Desenvolvimento:** os participantes devem ficar em pé, espalhados aleatoriamente pela piscina. É escolhido um voluntário para ser o primeiro pegador. Esse pegador segurará dois arcos, com ambas as mãos. Ao comando do professor, ele deverá sair e tentar pegar os outros participantes com o arco. Quando conseguir pegar, alguém deverá dar a mão e um dos arcos a ele. Os dois juntos, sem soltar as mãos, saem para tentar pegar outros colegas, dando as mãos aos que pegarem e também o arco, que deverá sempre estar com as duas pessoas das pontas da corrente. A atividade termina quando todos forem pegos e pode ser feita outras vezes, se houver motivação.

⊃ **Observações:** ressaltar a importância de os participantes respeitarem o ritmo dos colegas na corrente e se organizarem para irem na mesma direção.

7.2. Cata-cata

⊃ **Materiais:** vários objetos que boiem e 2 baldes.

⊃ **Desenvolvimento:** o professor dividirá a piscina em dois campos e os participantes em duas equipes. Em cada campo serão deixados aleatoriamente objetos que boiem na água (a mesma quantidade em cada campo). Na borda de cada campo, será colocado um balde. Ao comando do professor, cada equipe deverá juntar a maior quantidade possível de objetos e colocá-los no balde. A regra é que cada participante só pode levar um objeto de cada vez para o balde e não pode jogá-lo para outra pessoa. O professor estipula um tempo de mais ou menos 30 segundos e, no final desse tempo, a equipe que tiver mais objetos no balde será a vencedora.

⊃ **Variações:** a atividade também pode terminar quando uma das equipes conseguir colocar todos os objetos no balde.

7.3. Cestinha

◯ **Materiais:** dez bolinhas de borracha (ou outro material) e dois baldes.

◯ **Desenvolvimento:** os participantes são divididos em duas equipes que deverão formar duas filas, distantes mais ou menos dois metros uma da outra e três metros da borda da piscina, de frente para ela. Na borda ficarão os dois baldes, um na frente de cada equipe. Os primeiros participantes de cada equipe receberão as bolinhas e, ao comando do professor, um de cada vez tentará embocar a bolinha no balde, jogando-a. Se não acertar, deverá buscar a sua bolinha e entregá-la ao próximo da fila que estiver sem bola, retornando para o final da fila. Os próximos participantes farão o mesmo e assim sucessivamente. Vence a equipe que primeiramente embocar as cinco bolinhas no balde.

7.4. Jogo da argola

◯ **Materiais:** duas garrafas *pet*, dez argolas.

◯ **Desenvolvimento:** os participantes são divididos em duas equipes que deverão formar duas filas, distantes mais ou menos dois metros uma da outra e três metros da borda da piscina, de frente para ela. Na borda ficarão as duas garrafas *pet* com um pouco de água dentro para não virar, uma na frente de cada equipe. O primeiro participante de cada equipe receberá cinco argolas e, ao comando do professor, tentará acertá-las na garrafa, jogando-as. Se não acertar nenhuma argola, deverá buscá-las e entregar ao próximo da fila as argolas remanescentes, retornando para o final da fila. Os próximos participantes fazem o mesmo e assim sucessivamente. Vence a equipe que primeiro acertar as cinco argolas na garrafa.

7.5. Sete passes

➲ **Materiais:** bola de borracha, 2 baldes, tiras de TNT de 2 cores diferentes.

➲ **Desenvolvimento:** os participantes são divididos em duas equipes, identificadas pelas tiras de TNT amarradas no pulso. Cada equipe deve tentar passar a bola sete vezes entre seus membros, contando em voz alta antes de tentar arremessá-la no balde. Se a equipe conseguir fazer os sete passes sem ser interceptada pela equipe adversária, marcará um ponto e, se em seguida conseguir embocar a bola no balde, marcará mais cinco pontos. Não vale "roubar" a bola da mão dos jogadores. Ela deve ser "roubada" quando estiver no ar ou cair na água. Vence a equipe que tiver mais pontos no final do tempo determinado para o jogo.

➲ **Observações:** o professor deve ficar atento à competitividade excessiva que eventualmente possa ocorrer.

7.6. Pique-bandeira aquático

➲ **Materiais:** duas bandeiras de cores diferentes.

➲ **Desenvolvimento:** o professor dividirá a piscina em dois campos e os participantes em duas equipes. Na borda de cada campo, será colocada uma bandeira. Ao comando do professor, cada equipe deverá tentar "roubar" a bandeira do time adversário, levando-a para seu campo. As regras são: 1) quem for pego no campo do adversário ficará colado, sem poder se mexer, até que outro colega de sua equipe o descole tocando nele. Se essa pessoa estiver com a bandeira, deverá entregá-la; 2) As equipes não podem ficar marcando a bandeira; 3) É permitido jogar a bandeira para outro colega de equipe.

Quando uma equipe conseguir trazer a bandeira de seu adversário para seu campo, marcará um ponto. Devolve-se a bandeira a seu lugar e o jogo recomeça. O jogo termina por pontos ou por tempo estipulado.

⊃ **Observações:** o professor deve ficar atento à competitividade excessiva que eventualmente possa ocorrer.

7.7. Pega-lenço

⊃ **Materiais:** lenço.

⊃ **Desenvolvimento:** os participantes serão divididos em duas equipes. Cada uma ficará em uma das bordas, dentro da piscina, em pé, uma de frente para a outra. O professor dará um número para cada participante, e haverá um correspondente com o mesmo número na equipe adversária. Colocará, então, um lenço no centro da piscina e chamará um número (por exemplo: 1). O participante de cada equipe que tiver esse número deverá sair e tentar pegar o lenço, levantando-o da água antes do seu adversário. Quem pegar o lenço primeiro marca ponto para sua equipe. Se os dois pegarem juntos, é considerado empate e as duas equipes marcam ponto. Ambos voltam para seus lugares e seguem com o professor chamando outros números. A atividade terminará por pontos ou por tempo, conforme previamente combinado.

⊃ **Observações:** para aumentar o grau de dificuldade, o professor poderá dizer uma operação matemática e quem deverá sair para pegar o lenço será o número correspondente ao resultado dessa operação (por exemplo: 2 + 2 = 4, quem deve sair é o número 4 de cada equipe; 10 − 3 = 7, quem deve sair é o número 7 de cada equipe, e assim sucessivamente).

7.8. Por cima, por baixo

◯ **Materiais:** arcos (um por equipe).

◯ **Desenvolvimento:** os participantes devem ser divididos em equipes. Cada equipe formará uma fila com os participantes dispostos em pé, um atrás do outro. O primeiro participante de cada equipe receberá um arco e, ao comando do professor, deverá passá-lo pelo corpo e em seguida colocá-lo no próximo participante, que também deverá passá-lo pelo corpo e colocá-lo no próximo participante e assim sucessivamente. A equipe que terminar antes vence.

◯ **Variações:** podem ser usados mais de um arco por equipe, a fim de prolongar a brincadeira.

7.9. Leva e Traz

◯ **Materiais:** dois lenços.

◯ **Desenvolvimento:** os participantes devem ser divididos em duas equipes. Cada equipe fará uma fila a uma distância de mais ou menos dez metros da borda da piscina, de frente para essa borda. O primeiro de cada fila receberá um lenço e, ao sinal do professor, deve levar o lenço e depositá-lo na borda. Fazendo isso, volta, bate na mão do próximo participante e vai para o final da fila. O segundo participante sai, vai até a borda, pega novamente o lenço e traz para o próximo da fila que deverá levá-lo outra vez para a borda e assim sucessivamente, um levando e o outro trazendo. A equipe que terminar primeiro o "Leva e Traz" ganha.

7.10. Golzinho

○ **Materiais:** bola de borracha, duas travinhas.

○ **Desenvolvimento:** os participantes são divididos em duas equipes. Um representante de cada equipe tira par ou ímpar para decidir quem começa com a bola. O objetivo do jogo é fazer gol usando as mãos. As regras são: 1) Quem estiver com a bola na mão, não pode se locomover, deve passá-la para um colega ou arremessá-la ao gol. 2) Não há um goleiro e não é permitido que se fique marcando o gol. 3) A bola não pode ser "roubada" diretamente das mãos de quem estiver com ela, devendo ser "roubada" quando estiver no ar ou cair na água. Após um gol, a bola começa com a equipe adversária. Vence a equipe que primeiro marcar cinco gols.

8.

Passeios e festas temáticas

Normalmente profissionais que trabalham com a terceira idade organizam passeios com seus alunos, seja para confraternização no final de um determinado período de atividades, seja para o turismo como opção de lazer, ou qualquer outra razão. Percebendo essa realidade, sugerimos aqui algumas atividades que poderão ser realizadas dentro do ônibus, para distração dos participantes durante a viagem.

Algumas informações a serem ressaltadas antes de um passeio: os participantes devem levar uma garrafinha de água para consumo próprio e medicamentos que eventualmente estejam utilizando; se for ao ar livre, os participantes devem levar também protetor solar, chapéu e/ou boné.

Ao professor cabe levar material de primeiros socorros e pedir aos participantes que preencham uma ficha (se ainda não possuírem) com nomes e telefones para contato, em caso de emergência.

Segundo Lorda (2009), deve-se ressaltar a importância das tarefas que se realizam ao ar livre. Paisagens, ruídos das aves, aromas, ruídos do mar e tudo ao redor faz com que as pessoas da terceira idade valorizem o que é a vida. Além disso, passeios proporcionam um afastamento da rotina, ajudando a diminuir tensões e angústias, proporcionando prazer e divertimento.

Outra maneira de sair da rotina são os dias festivos ou festivais temáticos. No início, durante ou no fim de um ciclo de atividades, o professor pode propor aulas diferenciadas com temas como: festa de boas-vindas, dia do circo, copa do mundo, olimpíadas, festa dos aniversariantes do mês, festa dos anos 1960, festival de talentos, festa de fim de ano, etc. Pode-se utilizar também datas comemorativas como: carnaval, páscoa, dia do amigo, dia dos avós, festa junina, dia do folclore, primavera, *halloween* para promover atividades diferenciadas e motivadoras.

Nessas datas festivas, o clima deve ser de descontração e espontaneidade, incentivando-se os idosos a participarem ativamente na organização do evento e espontaneamente na realização das atividades contando contos, causos, piadas, anedotas, recitando versos, cantando.

8.1. Desenrola

⊃ **Materiais:** rolos de papel higiênico.

⊃ **Desenvolvimento:** os alunos deverão ser divididos em duas equipes, lado direito e lado esquerdo do ônibus. O professor entregará ao primeiro de cada equipe (poltrona par) um rolo de papel higiênico. Assim que for dado o comando, ele deverá desenrolar um pouco do papel e passá-lo para o colega de trás sem se virar, somente erguendo as mãos acima da cabeça. Quando chegar ao último, o papel deve ser passado para o colega ao lado (poltrona ímpar) e este deverá passar o papel para frente, também desenrolando. O papel ficará indo e voltando, passando por todos até que seja completamente desenrolado. A primeira equipe que mostrar ao professor o rolinho de papelão que irá sobrar após o desenrolar completo do papel será a vencedora.

8.2. **Passando a bola**

◯ **Materiais:** 2 bolas de vôlei ou de borracha.

◯ **Desenvolvimento:** os alunos deverão ser divididos em duas equipes, lado direito e lado esquerdo do ônibus. O professor entregará ao primeiro de cada equipe (poltrona par) uma bola. Assim que for dado o comando, ele deverá passar a bola para o colega de trás sem se virar, somente erguendo as mãos acima da cabeça. Quando chegar ao último, ele deve passar a bola para o colega ao seu lado (poltrona ímpar) e este deverá passar a bola para a frente. A equipe que passar a bola por todos primeiro será a vencedora.

8.3. **Música animal**

◯ **Materiais:** uma caixa com papeletas contendo trechos de músicas populares e uma caixa com exemplos de animais.

◯ **Desenvolvimento:** os alunos deverão ser divididos em duas equipes, lado direito e lado esquerdo do ônibus. Uma das equipes começa com um representante retirando um papel de cada uma das caixas. Em seguida, este participante deve compartilhar com sua equipe o conteúdo dos papéis e todos juntos cantarão a música, imitando o som do animal sorteado. Tendo cumprido a tarefa, é a vez da outra equipe. As equipes ficam se revezando e a brincadeira prossegue enquanto houver motivação. É um jogo divertido e não competitivo, excelente para se passar o tempo dentro do ônibus.

⊃ **Exemplos:** músicas: *Parabéns pra você, Atirei o pau no gato, Ciranda cirandinha, Teresinha de Jesus,* etc. Animais: *gato, cachorro, galinha, ovelha, passarinho*.

⊃ **Observações:** o professor deve incentivar que todos participem e não somente alguns dominem a brincadeira.

8.4. Costura

⊃ **Materiais:** 2 novelos de lã.

⊃ **Desenvolvimento:** os participantes serão divididos em duas equipes, lado esquerdo e lado direito do ônibus. Cada equipe receberá um novelo e, ao comando do professor, terão que passar a lã por dentro da camiseta e em seguida entregar o novelo para o próximo integrante da equipe que deverá fazer o mesmo e assim sucessivamente. Vencerá a equipe que primeiro conseguir *"costurar"* todos os seus integrantes.

8.5. Quem sou eu?

⊃ **Materiais:** papel e caneta.

⊃ **Desenvolvimento:** os participantes serão divididos em duas equipes, lado esquerdo e lado direito do ônibus. O professor escolherá uma personalidade famosa para ser, devendo anotar sua escolha em um papel, o qual ficará escondido até o fim do jogo. Uma equipe de cada vez fará perguntas que deverão ser respondidas somente com "sim" ou "não" pelo professor, para descobrir quem ele é. A equipe que adivinhar será a vencedora. Então, o professor comprovará a personalidade, mostrando o papel no qual estava escrito o nome. Podem ser feitas várias rodadas e o jogo prossegue enquanto houver motivação.

➲ Exemplos:

Personalidade: Madonna.

o Perguntas: Você é homem? "Não" – os participantes saberão então que é uma mulher.

o Você é cantora? "Sim" – os participantes já sabem que é uma cantora.

o É brasileira? "Não" – os participantes sabem que é uma cantora estrangeira.

o É loira? "Sim".

o Você é a Madonna? "Sim" – fim de jogo e ponto para a equipe que acertou.

8.6. Transformação

➲ **Materiais:** acessórios dos próprios participantes.

➲ **Desenvolvimento:** os participantes serão divididos em duas equipes, lado esquerdo e lado direito do ônibus. Ao comando do professor, cada equipe deverá fantasiar um homem de mulher e uma mulher de homem em um tempo determinado. O professor será o juiz e vencerá quem tiver a melhor caracterização, com maior número de acessórios.

8.7. Massagem circular

⮕ **Materiais:** nenhum.

⮕ **Desenvolvimento:** os participantes devem formar um círculo em pé. Cada participante deverá segurar no ombro do colega à sua frente, de modo que um fique atrás do outro, fechando o círculo. O professor orienta para que façam a massagem nos ombros dos colegas com a ponta dos dedos polegares e com movimentos circulares. Depois, podem descer pelo braço do colega massageando com a ponta de todos os dedos, massagear as costas dele dando leves batidinhas com as mãos em forma de concha, fazer um cafuné na cabeça, etc. Após algum tempo, todos giram para o outro lado e devolvem a massagem a quem os massageou.

⮕ **Observações:** essa atividade é ideal para ser feita ao ar livre, em um passeio pelo campo ou pela praia, após alguma outra atividade. Orientar para que todos controlem a força a fim de não machucar o colega, e sim ajudar no relaxamento dele.

8.8. Festival musical

⮕ **Materiais:** cadeiras para os participantes, púlpito ou mesa para o apresentador, fichas de papel com nomes, letras e palavras-chave de músicas conhecidas, instrumento musical à escolha ou CD com músicas instrumentais, aparelho de som.

⮕ **Desenvolvimento:** para caracterizar mais a atividade, o local deve estar preparado como se fosse um programa de televisão: o auditório, com cadeiras, dividido em lado direito e lado esquerdo e, à frente, o "palco", com um púlpito ou mesa para o apresentador. Divide-se a turma em duas equipes com o mesmo número de participantes. As equipes se revezarão para apresentar e responder. Quem estiver respondendo pode permanecer sentado e quem for apresentar a música se levanta e vai para a frente da plateia. A atividade se realizará em 3 blocos, aumentando de dificuldade gradativamente:

- 1º Bloco: músicas instrumentais.

    Os participantes deverão adivinhar qual é a música somente pelo som instrumental.

    Se o professor ou algum participante souber tocar algum instrumento musical, a atividade pode ser feita dessa forma; se não, usa-se um CD preparado previamente com músicas instrumentais.

    Sorteia-se quem será a primeira equipe a responder. O apresentador toca a música (instrumento ou CD) por alguns segundos e a repete 2 vezes. Assim que terminar de tocar a música, a equipe deve conversar entre si e dar somente um palpite por vez sobre qual é a música, tendo um tempo de 30 segundos para isso. Acabado o tempo, se a equipe errar, passa a vez para a outra equipe e assim sucessivamente. Na próxima música, escolhe-se outro representante para que todos possam vivenciar a experiência de plateia/apresentador.

    Como esse é o primeiro bloco, sugere-se utilizar músicas facilmente conhecidas, como as cantigas populares: *Boi da cara preta*; *Cai, cai, balão*; *Atirei o pau no gato*; *Alecrim dourado*; *Capelinha de melão*; *O cravo e a rosa*; *Ciranda cirandinha*; *Escravos de Jó*, *Marcha soldado*; *Parabéns*; *Hino nacional brasileiro*; etc.

- 2º Bloco: lá, lá, lá.

    Os participantes deverão adivinhar qual é a música somente pelo som do lá, lá, lá.

A cada música, uma pessoa é escolhida para ser o apresentador, alternado-se entre as equipes. Esse representante deverá ir até o "palco" e, de posse de uma ficha com a letra da música, irá cantá-la sem usar as palavras certas e sim fazendo o som de lá, lá, lá.

O apresentador canta um pedaço da música por alguns segundos e a repete 2 vezes. Assim que terminar, a equipe adversária do representante tem o direito de começar e deve conversar entre si para dar somente um palpite por vez sobre qual é a música, tendo um tempo de 30 segundos para isso. Acabado o tempo, se a equipe errar, passa-se a vez para a outra equipe e assim sucessivamente. Na próxima música, escolhe-se outro representante para que todos possam vivenciar a experiência de plateia/apresentador.

Nesse bloco as músicas podem ser mais elaboradas, mas devem ser igualmente conhecidas, como por exemplo: *Aquarela* (Toquinho), *Noite Feliz* (F. Gruber), *Marcha Nupcial* (F. Mendelssohn), *Madalena do Jucu* (Cultura Popular Capixaba), *Trem das Onze* (Adoniran Barbosa), *Romaria* (Renato Teixeira), *O Menino da Porteira* (Teddy Vieira e Luizinho, interpretada por Sérgio Reis), *Emoções* (Erasmo Carlos e Roberto Carlos), *A Praça* (Carlos Imperial); *Estúpido Cupido* (Greenfield e Sedaka, versão de Fred Jorge, interpretada por Celly Campello).

o 3º Bloco: palavra-chave

Um pouco mais difícil, nesse bloco os participantes deverão adivinhar qual é a música por meio de uma palavra-chave da letra da música e cantar o trecho no qual a palavra aparece.

O apresentador escolhido para ir à frente sorteia uma ficha e lê para as equipes a palavra-chave. Assim que terminar, a equipe adversária do representante tem o direito de começar e deve conversar entre si para dar somente um palpite sobre qual é a música, tendo um tempo de 30 segundos para isso. Acabado o tempo, se a equipe errar, passa-se a vez para a outra equipe e assim sucessivamente. Na próxima música, escolhe-se outro representante para que todos possam vivenciar a experiência de plateia/apresentador.

⊃ **Exemplos:**

○ Cabelo – *Fio de Cabelo* (Chitãozinho e Xororó): *"E hoje o que encontrei me deixou mais triste, um pedacinho dela que existe, um fio de **cabelo** no meu paletó"*.

○ Cabeça – *É o amor* (Zezé di Camargo e Luciano): *"É o amor, que mexe com minha **cabeça** e me deixa assim..."*.

○ Mar – *Garota de Ipanema* (Tom Jobim e Vinicius de Moraes): *"Olha que coisa mais linda, mais cheia de graça, é ela menina, que vem e que passa, num doce balanço, a caminho do **mar**..."*.

⊃ **Observações:** Se no 3º bloco as equipes estiverem com dificuldade para acertar a música, o apresentador pode dar dicas.

8.9. Desembrulhando o presente

⊃ **Materiais:** aparelho de som, CD com música animada, papel de presente, fita adesiva e o presente.

⊃ **Desenvolvimento:** o professor prepara previamente o presente, que pode ser pequenas lembrancinhas ou doces para os participantes, e o embrulha com várias camadas de papéis e com bastante fita adesiva para dificultar a sua abertura. Os alunos devem estar sentados em círculo. Ao som da música, o presente vai sendo passado de mão em mão e, quando o professor parar a música, quem estiver com o presente retira uma das camadas do embrulho. A música continua e para diversas vezes. O jogo prossegue até que o último papel seja retirado e o prêmio revelado. O último jogador é convidado então a repartir seu presente com todos os colegas.

◌ **Observações:** é importante que haja presente para todos, pois como é uma brincadeira de confraternização todos devem se sentir presenteados por pertencerem a esse grupo. É uma ótima atividade para preceder as férias de final de ano.

8.10. Presente secreto

◌ **Materiais:** uma caixa com presentes para os participantes (bombons, balas, lembrancinhas, etc.) embrulhada com diversos papéis de presente, papeletas com coordenadas para entrega do presente, aparelho de som e CD com música animada.

◌ **Desenvolvimento:** os participantes devem estar sentados em círculo. O professor explica que, enquanto a música tocar, os participantes devem passar o presente para o colega à sua direita. Quando a música parar, aquele que estiver com o presente na mão deverá retirar um papel de embrulho (somente um) e ler a coordenada que estará grudada no próximo papel (por exemplo: ofereça esse presente à pessoa mais animada do grupo). O participante deverá cumprir a coordenada e entregar o presente àquele que julgar ser o mais animado; este, por sua vez, abrirá mais um embrulho que gerará outra coordenada e assim por diante. A última coordenada deverá levar à pessoa mais amiga do grupo que, quando abrir o presente, encontrará um bilhete com a seguinte frase: "Parabéns, você foi considerada a pessoa mais amiga do grupo, por isso poderá compartilhar esse presente com todos os seus amigos!". Então, o presente é revelado e dividido entre a turma.

⮕ **Exemplos:** ofereça esse presente à pessoa mais elegante do grupo; ofereça esse presente à pessoa mais risonha do grupo; ofereça esse presente à pessoa mais sábia do grupo, etc.

⮕ **Observações:** se algum aluno tiver dificuldade para ler as coordenadas, o professor ou os outros colegas poderão ajudar. É importante que haja presente para todos, pois – como é uma brincadeira de confraternização – todos devem se sentir presenteados por pertencerem a esse grupo. É uma ótima atividade para preceder as férias de final de ano.

Bibliografia consultada

ACHOUR JUNIOR, Abdallah. *Alongamento, flexibilidade:* definições e contraposições. Revista Brasileira de Atividade Física & Saúde, v. 12,n. 1, 2007. Disponível em: <http://www.flexibilidade.com.br/artigos_ver.php?id=5>. Acesso em: 17 de março de 2008.

ALBERTON, Cristine Lima *et al.* Efeitos do peso hidrostático na frequência cardíaca durante imersão no meio aquático. *In*: XIII *Conbrace – CD-ROM 25 anos de história:* O Percurso do CBCE na Educação Física Brasileira. Caxambu, 2003.

BARBANTI, Valdir José. *Aptidão Física:* um convite à saúde. São Paulo: Manole, 1990.

BARBANTI, Valdir José. *Teoria e Prática do Treinamento Desportivo.* São Paulo: Edgard Blucher, 1979.

BENEDETTI, Tânia R. Bertoldo. Testes Físicos para Terceira Idade. *Rev. Bras. Cineantropom. Desempenho Humano.* 2007: 9. Suplemento 1. Florianópolis.

BORG, G.; NOBLE B. J. *Perceived exertion. In*: Wilmore J. H. ed. *Exercise and sport sciences reviews.* V. 2. New York: Academic Press, 1974: 131-53.

BRASIL. *Constituição: República Federativa do Brasil.* Brasília: Senado Federal, Centro Gráfico, 1988.

BRASIL. *Estatuto do Idoso.* Brasília: Ministério do Desenvolvimento Social e Combate à Fome. 3ª ed., 2005.

CAROMANO, F. A.; THEMUDO FILHO, M. R. F.; CANDELORO, J. M. Efeitos Fisiológicos da Imersão e do Exercício na Água. *Rev. Fisioterapia Brasil.* Ano 4, n. 1. Jan, 2003.

CARVALHO, J.; SOARES, J. M. C. Envelhecimento e Força Muscular: Breve Revisão. *Revista Portuguesa de Ciências do Desporto.* 2004, v. 4, n. 3, pp. 79-93.

CAVALLARI, V. R; ZACHARIAS, V. *Trabalhando com recreação.* 12ª ed. ver. e ampl. São Paulo: Ícone, 2011.

CONFEF. *Resolução CONFEF nº 056/2003.* Rio de Janeiro, 2003.

CRUZ, Francine. *Motivos para a prática de atividade física na terceira idade.* Curitiba, PR. 2006. Setor de Ciências Biológicas, UFPR.

CRUZ, Francine. *Benefícios da aptidão física relacionada à saúde para idosos.* Curitiba, PR. 2009. Setor de Ciências Biológicas, UFPR.

CRUZ, Francine. *Atividade Física para Idosos:* Apontamentos Teóricos e Propostas de Atividades. Sorocaba: Editora Minelli, 2008.

FARINATTI, Paulo de Tarso Veras. Prescrição de Exercícios e Envelhecimento: Bases Fisiológicas e Metodológicas. *Rev. Bras. Cineantropom. Desempenho Humano.* 2007: 9. Suplemento 1. Florianópolis.

FRANÇA, Lucia H.; SOARES, Neusa E. A importância das relações intergeracionais na quebra de preconceitos sobre a velhice. *In:* VERAS, Renato P. *et al. Terceira Idade:* um envelhecimento digno para o cidadão do futuro. Rio de Janeiro: Relume – Dumára: UnATI/UERJ, 1995, pp. 151-167.

GUEDES, Dartagnan Pinto; GUEDES, Joana E. R. Pinto. *Controle do peso corporal:* composição, atividade física e nutrição. Londrina: Midiograf, 1998.

HEYWARD, V. H. *Avaliação Física e Prescrição de Exercícios:* técnicas avançadas. 4ª ed. Porto Alegre: Artmed, 2004.

IBGE. *Indicadores Sociodemográficos e de Saúde no Brasil 2009.* Rio de Janeiro, 2009. Disponível em: <http://www.ibge.gov.br>. Acesso em: 2 de junho de 2011.

IBGE. *Resultados da amostra do censo demográfico 2000.* Disponível em: <http://www.ibge.gov.br>. Acesso em: 10 de março de 2008.

IBGE. *Projeção da População do Brasil por Sexo e Idade para o Período de 1980-2050* – Revisão 2004 – Metodologia e Resultados. Rio de Janeiro, 2004.

JUNQUEIRA, Ester Dalva Silvestre. *Velho. E, por que não?* Bauru: EDUSC, 1998.

KLEINUBING, Marcos César; KLEINUBING, Neusa Dendena. Refletindo sobre a consciência corporal e a imagem corporal para superar ansiedades e tensões: uma nova abordagem para a natação. *Revista Digital.* Buenos Aires, ano 8, n. 49, junho de 2002. Disponível em: <http://www.efdeportes.com/>. Acesso em: 10 de março de 2008.

KNAPIK, Márcia C. *Danças Circulares e Educação Popular.* RECID. Curitiba. 2009.

KUTNA, Fabiana. *Estudo das dimensões seletivas de motivação intrínsecas e extrínsecas na prática do voleibol.* Curitiba. 2000. Setor de Ciências Biológicas, UFPR.

LEITE, Paulo Fernando. *Aptidão Física, Esporte e Saúde*. 3ª ed. São Paulo: Robe, 2000.

LORDA, C. Raul; SANCHEZ, Carmem Delia. *Recreação na terceira idade*. 5ª ed. Rio de Janeiro: Sprint, 2009.

MARCHAND, Edison Alfredo de Araújo. Condicionamento de flexibilidade. *Revista Digital*. Buenos Aires. Ano 8, n° 53, outubro de 2002. Disponível em: <http://www.efdeportes.com/efd53/flex.htm>. Acesso em: 17 de março de 2008.

MARINS, J. C. B.; GIANNICHI, R. S. *Avaliação e Prescrição de Atividade Física:* Guia Prático. 3ª ed. Rio de Janeiro: Shape, 2003.

MAZO, Giovana Zarpellon *et al*. *Atividade física e o idoso*: Concepção Gerontológica. 2ª ed. Porto Alegre: Sulina, 2004.

MORAGAS, Ricardo Moragas. *Gerontologia Social*: Envelhecimento e qualidade de vida. São Paulo: Paulinas, 1997.

MOULY, George J. *Psicologia Educacional*. 9ª ed. São Paulo: Pioneira, 1993.

NERI, Anita Liberasso; CACHIONI, Meire. Velhice bem-sucedida e educação. *In*: NERI, Anita Liberasso; DEBERT, Guita Grin [Orgs.].*Velhice e Sociedade*. Campinas: Papirus, 1999. p. 113 a 140 (Coleção Vivaidade).

OKUMA, S. S. *O idoso e a atividade física*. Campinas: Papirus, 1998.

OPAS, Organização Pan-Americana da Saúde. *Doenças crônico--degenerativas e obesidade*: estratégia mundial sobre alimentação saudável, atividade física e saúde. Brasília, 2003. Disponível em: <http://www.opas.org.br/sistema/arquivos/d_cronic.pdf>. Acesso em: 22 de fevereiro de 2008.

OPAS, Organização Pan-Americana da Saúde. *Saúde, Bem-Estar e Envelhecimento (SABE)*. Disponível em: <http://www.opas.org.br/sistema/arquivos/l_saber.pdf>. Acesso em: 22 de fevereiro de 2008.

PEREIRA, Marta Inez Rodrigues; GOMES, Paulo Sergio Chagas. Testes de força e Resistência Muscular: Confiabilidade e predição de uma repetição máxima – Revisão e novas evidências. *Rev. Bras. Med. Esporte.* V. 9, n° 5, set./out. 2003. Disponível em: <http://www.scielo.br/pdf/rbme/v9n5/v9n5a12.pdf>. Acesso em: 22 de fevereiro de 2008.

RIBEIRO, A. L. S. *Atividade física como fator de prevenção e manutenção da saúde do idoso.* Disponível em: <http://www.watsubrasil.com/44.htm>. Acesso em: 20 de setembro de 2006.

SAFONS, Marisete Peralta; Pereira, Márcio de Moura. *Princípios Metodológicos da Atividade Física para Idosos.* Brasília: CREF/DF – FEF/UnB/GEPAFI, 2007.

SAMULSKI, D. *Psicologia do Esporte:* teoria e aplicação prática. Belo Horizonte, Imprensa Universitária/UFMG, 1995.

SAMULSKY, D. *Psicologia do Esporte*: conceitos e novas perspectivas. 2ª ed. revista e ampliada. Barueri: Manole, 2009.

SANTOS, Suely. Habilidade motora e envelhecimento. *In:* TANI, G. *Comportamento Motor:* Aprendizagem e Desenvolvimento. Rio de Janeiro: Guanabara Koogan, 2005, p. 173 a 184.

SCHEFER, L. H. *Análise motivacional na iniciação do futsal.* Curitiba. 1998. Setor de Ciências Biológicas, UFPR.

SEVERO, Cristiane *et al.* A velhice. *In: Caderno Adulto do Núcleo Integrado de Estudos e apoio à III Idade*, n. 1, 1997. Centro de Educação Física e Desportos da Universidade Federal de Santa Maria, pp. 25-32.

SHARKEY, Brian J. *Condicionamento Físico e Saúde.* 4ª ed. Porto Alegre: Artmed, 1998.

SILVA, Elizabeth Vieira da. A *atividade física fonte de prazer nos grupos de terceira idade.* Curitiba. Set. 2003. Setor de Ciências Biológicas, UFPR.

SPIRDUSO, Waneen W. *Dimensões Físicas do Envelhecimento.* Barueri: Manole, 2005.

TRINDADE, Patrícia M. *Pedagogia do Esporte:* contribuições para um envelhecimento bem-sucedido. In: PAES, Roberto R.; BALBINO, Hermes F. *Pedagogia do Esporte*: contextos e perspectivas. Rio de Janeiro: Guanabara Koogan, 2005.

UNITED NATION. *World Population Ageing 2009.* New York: Department of Economic and Social Affairs – Population Division, 2010. Disponível em: <www.un.org>. Acesso em: 20 de maio de 2011.

VERAS, Renato P.; CAMARGO Jr., Kenneth Rochel de. Idosos e universidade: parceria para a qualidade de vida. In: VERAS, Renato P. et al. *Terceira Idade*: um envelhecimento digno para o cidadão do futuro. Rio de Janeiro: Relume – Dumára: UnATI/UERJ, 1995, pp. 11-27.

WEINBERG, Robert S.; GOULD, Daniel. *Fundamentos da Psicologia do Esporte e do Exercício.* 4ª ed. Porto Alegre: Artmed, 2008.

WEISS, Donald H. *Motivação & Resultados:* Como obter o melhor de sua equipe. 4ª ed. São Paulo: Nobel, 1991.

WHO, World Health Organization. *Obesity and Overweight.* Disponível em: <http://www.who.int/mediacentre/factsheets/fs311/en/index.html>. Acesso em: 22 de fevereiro de 2008.

WHO, World Health Organization. News and Information: WHO global database on body mass index (BMI) An interactive surveillance tool for monitoring nutrition transition. Public Health Nutrition. V. 9 (5): 658-660, agosto de 2006. Disponível em: <http://www.who.int/nutrition/publications/obesity/en/index.html>. Acesso em: 17 de março de 2008.

Conheça também o romance da autora Francine Cruz.

Até onde pode ir um grande amor?
A fé ajuda a recuperar sentimentos?
Quem pode separar duas pessoas que se amam?
Descubra em Amor, Maybe um linda história
romântica como você nunca viu!

Amor, Maybe

de Francine Cruz

com coordenação editorial de Selène D'Aquitaine

Conheça também:

GRUPOS ESPECIAIS:

AVALIAÇÃO, PRESCRIÇÃO E EMERGÊNCIAS CLÍNICAS EM ATIVIDADES FÍSICAS

Giovanni da Silva Novaes
Henrique Mansur
Rodolfo de Alkmim Moreira Nunes

De forma clara e bem acessível, esta obra traz um grande número de informações essenciais para a prescrição do exercício em grupos especiais (obesidade, hipertensão, cardiopatias, diabetes e doença renal crônica) além de trazer também informações quanto à avaliação física e funcional imposta para esse tipo de público e aos procedimentos de emergências clínicas.

Para saber mais sobre o nosso catálogo acesse:
www.iconeeditora.com.br